粤港澳大湾区
Images 影像志

——

澳门影像志

李健 | 编著

五洲传播出版社
China Intercontinental Press

1860年代的澳门（图／Sylvester Dutton and Vincent Michaels）

1870年代的澳门（图／华芳照相馆）

20世纪上半叶的澳门（图／佚名）

1970年代的澳门（图／黎荣照）

1990年代的澳门（图／张耀棠）

2008年的澳门（图／陈显耀／CNSphoto）

2018年的澳门（图／陈显耀／CNSphoto）

2024 年 6 月 19 日，澳门日间全景图。
（图／黄明辉）

2024 年 6 月 19 日，澳门夜间全景图。
（图／黄明辉）

目录
CONTENTS

	序一	01
	序二	05
第一章	**澳门时代影像**	001
	古代澳门（史前—1887年）	002
	葡占时期的澳门（1887—1999年）	022
	回归以后的澳门（1999—2024年）	108
第二章	**澳门图片故事**	159
	澳门妈阁庙	160
	澳门大三巴牌坊	166
	澳门博彩业	172
	澳门关闸	178
	澳门国庆牌楼	184
	澳门格林披治大赛车	190
	澳门镜湖医院	196
	澳门历史城区	204
	澳门老字号	212
第三章	**澳门文献辑录**	223

序一

澳门作为中国最早、最持久对外开放的港口城市，一直是西学东渐、东学西传的桥梁，在中西文化交流中扮演了重要的角色，也奠定了在中外交通史上的独特地位。在此过程中，澳门积累了古今同在、中西并举的深厚历史文化底蕴和各美其美、美美与共的丰富交流互鉴经验，形成了不同而和、和而不同的良好社会环境以及你中有我、我中有你的独有话语体系。

正因为澳门的这种特殊地位和城市精神，汤显祖在《牡丹亭》中记录了澳门异域风情一幕，吴渔山从江南来到大三巴学道准备奔赴罗马，容闳前来马礼逊学校读书并成为中国留学生之父，林则徐巡视澳门禁烟并从澳门"开眼看世界"，郑观应移居阿婆井旁，奋笔疾书影响中国近代进程的《盛世危言》，康有为、梁启超在澳门开办《知新报》宣传革命思想，孙中山在濠江"首见大海之浩瀚"开启"振兴中华"革命生涯，高剑父在澳门接触西方艺术后伏居观音堂创新岭南画派，叶挺将军在澳门休整后重返战场保家卫国。他们在澳期间，强化了澳门与民族命运、国家前途唇齿相依的联系，增强了澳门人朴实无华又浓厚深沉的家国情怀。

也正因为澳门这种特殊地位和城市精神，以利玛窦为首的传教士将西方的几何、天文、历法、舆图和西洋绘画、音乐传入了中原大地，掀起洋为中用之热潮；同时，将中国的经典传播到欧洲，影响了启蒙运动。在澳门，出版了第一部《葡中字典》和《英华字典》，促进中西对话、沟通和理解。在澳门，引进了第一部西式印刷机，拍摄了第一张照片，《蜜蜂华报》成为中国新闻史上的第一份现代报刊。在澳门，圣保禄书院是远东第一所大学，歌剧首次在岗顶戏院上演。在澳门，开设了第一家西医医院，首次种牛痘，中医也为澳葡政府承认，救人济世。这许许多多的第一次，加强了中国与世界的联系，铸就了澳门的国际性。

澳门是中华文化巨大包容性和开放性的典范，也是不同民族、不同文化、不同宗教、不同信仰的融汇地，是人类文明名副其实的实验室。弹丸之地，留存了与其城市规模极不相称的巨量档案、文献和资料，而其存放地之广、语种之多、保存之完好也令人惊叹。这些材料，不仅仅是城市发展的轨迹和见证，也是澳门的宝贵财富。

过去近半个世纪以来，中外学者开始对这些资料进行挖掘、整理和研究。澳门基金会也不遗余力组织力量、投入资源，全面系统搜集、整理、出版存放在世界各地众多档案馆、图书馆、博物馆的档案文献和资料，让这些藏在深闺中的宝贝重见光明，也为研究者提供更多的便利。特别是近10来年，学术界对澳门历史的图像和音频资料更加重视和关注，有不少研究成果问世，使得更多的读者可以更加感性、直观地了解澳门历史，认识澳门在中外交流和人类文明发展上的独特意义、价值和贡献，使得澳门的城市文化形象更加鲜明夺目。

在澳门回归祖国25周年之际，李健老师用心收集了澳门历史演变过程中政治、经济、文化、社会各领域的诸多图像资料，编写了这本书，再次带我们进入时光隧道，重温澳门的历史光辉，重温澳门的人文关怀，重温城市的日常点滴，令人感动，谨为此文，向李老师致敬和致谢。

是为序。

吴志良

澳门基金会行政委员会主席、澳门文化界联合总会会长

序言

　　2024年是新中国成立75周年、澳门回归祖国25周年，也是《粤港澳大湾区发展规划纲要》颁布实施5周年。中国新闻社资深图片编辑李健女士提出编辑"粤港澳大湾区影像丛书"设想，计划出版《香港影像志》《澳门影像志》及《广东影像志》三部大型图集。这是富有创造性的构想。《澳门影像志》是澳门回归25周之际重要的视觉读本之一。

　　澳门位于珠江口西侧，自古以来即为中国领土的一部分。1999年12月20日，澳门重新回到祖国怀抱，成为中华人民共和国的一个特别行政区。这是祖国统一大业的又一重要里程碑。在人类的脚步迈入新千年之际，澳门问题的解决也给世界的和平与发展带来了新的有益的启示。

　　澳门与祖国内地河海相融，陆地连脉，自古以来就是中国领土，16世纪中叶，葡萄牙殖民者巧立名目，入据澳门，并逐步占领澳门。1840年鸦片战争英国占领香港后，葡萄牙攫取了对澳门的管治权。澳门的近现代史浓缩了中国近现代史的沧桑巨变。

新中国的建立结束了中华民族被外国列强欺侮的历史。中国共产党第十一届三中全会之后，邓小平同志提出了"一国两制"的伟大构想，为解决历史遗留下来的香港和澳门问题指明了方向。1987年4月13日，中葡两国政府签署了关于澳门问题的联合声明。1993年3月31日，历时四年多时间起草的《中华人民共和国澳门特别行政区基本法》获得全国人民代表大会通过。1998年5月5日，全国人大澳门特别行政区筹委会成立，澳门特别行政区的筹建工作进展顺利。1999年12月20日，五星红旗和莲花区旗在澳门上空冉冉升起，我国政府对澳门恢复行使主权。澳门的历史从此翻开了新的篇章。

《澳门影像志》第一章"澳门时代影像"将澳门分为古代澳门（史前—1887年）、葡占时期的澳门（1887—1999年）、回归以后的澳门（1999—2024年）三个历史阶段，按时间顺序精选重要事件及有典型时代特征的社会生活图片，突出粤港澳大湾区经济文化融合，讲述澳门自古代以来的发展史；第二章为"澳门图片故事"，这也是本书与其他澳门书籍画册不太一样的地方，选择澳门的一些代表性或象征性的主题，通过多张图片和专题文章阐述其演变发展故事和对澳门的重要意义。第三章"澳门文献辑录"则收录了与澳门社会发展有关的一些重要文献和文物，是重要的澳门实证史料，同时拓展了影像志的视觉内容。

《澳门影像志》用大量生动、鲜活的图片，配以细致的文字说明，展示澳门从古至今的历史变迁、社会风貌以及居民日常生活，着重呈现澳门同胞自古以来与祖国风雨同舟、血脉相连的历史，是"讲好澳门故事"的一种有益尝试。相信广大读者能从这历史图卷中，了解澳门的昨天，正视澳门的今天，憧憬澳门的明天。

邓开颂

广东省社会科学院历史所研究员、原港澳史研究室主任、澳门史专家

第一章
澳门时代影像

CHAPTER ONE

MACAO TIMES PICTURES

古代澳门 （史前—1887年）

公元前4000至公元前2000年期间已经有人在澳门居住。澳门、路环、黑沙等地，早已是中国大陆的原始居民足迹所到之处。在商周时期，古代居民已在这些地区居住活动，所以，澳门、珠海出土文物中，有春秋时期的簋、罐以及战国时期的陶器等。

澳门古称濠镜澳，与广州香山县的历史关系极其密切。早在春秋战国时期，香山已属百越海屿之地。秦始皇一统中国之时（前3世纪晚期），澳门被正式纳入中国版图，属南海郡番禺县地。晋朝元熙二年（420年），澳门属新会郡封乐县地。

隋朝开皇十年（590年），废新会郡改属宝安县地，唐朝至德二年（757年），废宝安县，改为广州东莞县辖。自南宋开始，澳门属广东省广州香山县。

澳门的开埠始于明嘉靖十四年（1535年）。这一年，明政府将市舶提举司（贸易管理机关）移至澳门，允许外国商船在澳门附近海上进行贸易。1553年葡萄牙人通过贿赂收买当地明朝官员，以晾晒水浸货物为由，要求上岸，得到批准，从此葡人逐渐在澳门聚居成村。

澳门路环黑沙遗址

20 世纪 70 年代以来,港澳学者对澳门路环黑沙进行多次考古发掘,证实在距今 5000—6000 年的新石器时代晚期,澳门地区已生活着以渔猎经济为主的原始居民,其文化与珠江三角洲同出一源。(图／黄明辉)

黑沙考古出土的石英及砺石工具

2006 年年底,澳门黑沙遗址首次发现 4000 年前的玉石作坊遗迹,出土石英、水晶饰物制品 78 件,这些窖藏遗迹在环珠江口以至中国大陆都极为罕见,对中国古代玉器作坊研究有很重要的学术意义。(图／史利／CNSphoto)

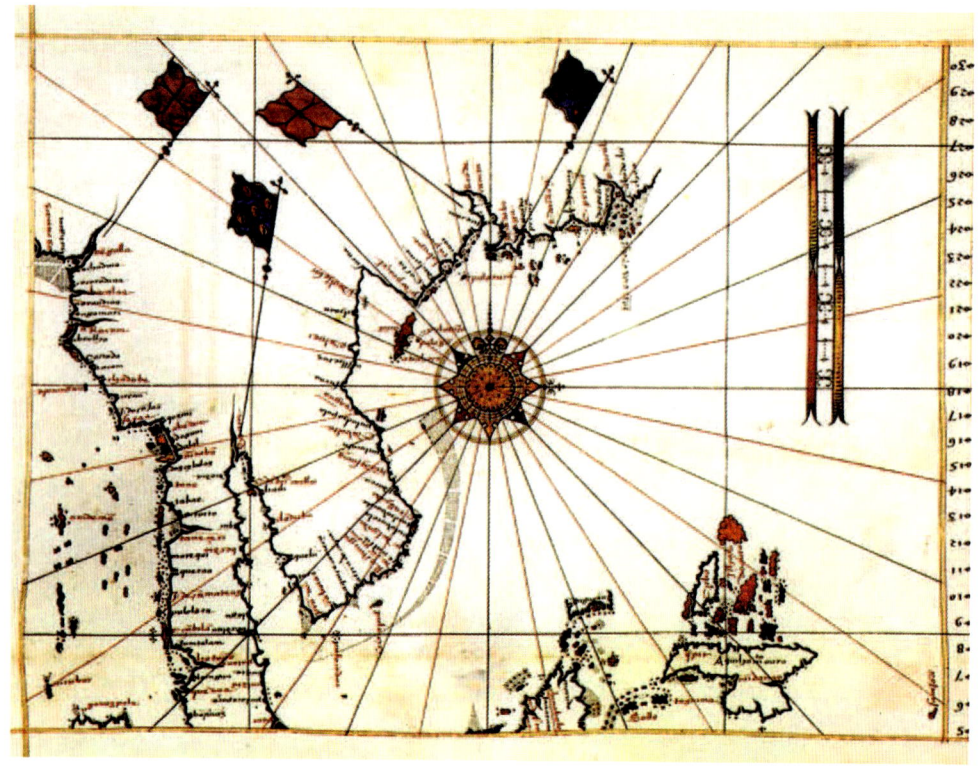

地图上的澳门（Macom）注记

1537年，葡萄牙人地图学家加斯帕尔·维尔加斯（Gaspar Viegas）绘制的地图出现Macom（澳门）的注记，这一注记或可与"妈宫"或"妈港"对音，很可能表示今日澳门所在的位置。（图/Gaspar Viegas）

世界地图上的澳门（Matan）注记

1529年，葡萄牙人迭戈·里贝罗（Diogo Ribeiro）绘制的世界地图上出现的"Matan"标记，现在研究认为可能是今日澳门的区域。（图/Diogo Ribeiro）

明代海防地图《全海图注》标注的澳门

明代万历年间（约 1589—1591 年），宋应昌主持绘制刊印《全海图注》，图中出现亚马港（初到澳门的葡萄牙人对澳门的称号，也是澳门名字由来的版本之一）字样。《全海图注》展示的中国海防长卷图，自广东防城营（今广西防城港市）至长江口，延伸至南京的太平府为止。该图也是目前已知最早标注香山和澳门地区的中文地图。（图／宋应昌）

旧城墙遗址

葡人最早于明朝隆庆三年（1569年）在澳门建城墙。由于明朝政府的反对，城墙多次建而又拆。这段遗址是当年所建城墙的一部分。明朝政府在澳门设有提调、备倭、巡缉等官员，这些官员统称"守澳官"。（图／陈显耀／CNSphoto）

鸟瞰澳门全景地志画

　　1607年出版的图书《小旅行记》（*The Petit Voyages*）里，由荷兰画家特奥多雷·德·布里（Theodor de Bry）绘制的插图，这也是最早的澳门地图之一。此图以鸟瞰的视角展示澳门全景，反映了澳门开埠早期的面貌。（图／香港浸会大学图书馆）

清代广州府香山县澳门境舆全图

岛上重要屋宇,皆注明名称,远山及海水、帆船的描绘亦惟妙惟肖,绘画的艺术性与地图的实用性巧妙地融为一体。(图/佚名)

《澳门纪略》中的澳门议事亭

1751年,由印光任、张汝霖完成编撰的《澳门纪略》,这是一部专记澳门的地方志,是历史上第一部系统介绍澳门的古籍,介绍了澳门历史、地理风貌、中西文化、风俗民情、民间技艺等,并附有插图21帧和400多条中葡对照的"澳语"。其中一幅插图描绘了中式庭院风格的澳门议事会,这也是最早的议事亭图像记录。(图/印光任、张汝霖)

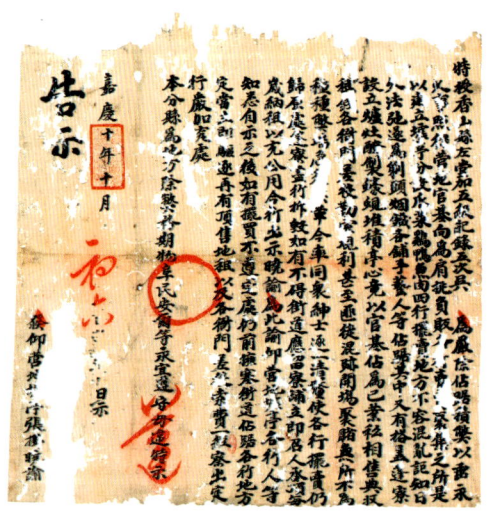

整顿营地街市墟亭告示

1805年,香山县丞吴兆晋为整顿营地街市墟亭所发的告示。营地街市墟亭是澳门最早的街市建筑,1798年由官府出地、葡人出钱建造。原件藏于葡萄牙东波塔国家档案馆。(图/葡萄牙东波塔国家档案馆)

马礼逊译经图

约 1830 年，马礼逊（Robert Morrison）译经图。右起：马礼逊和助手梁滔、梁发。英国人马礼逊是第一个来华的基督教新教传教士，以澳门作为基地，是近代中西文化交流的先驱，首次完整翻译出版中文《圣经》，编纂第一部《华英字典》，开办第一所教会学校，创办第一份中文月刊。梁发是中国第一位基督教新教传教士。（图／佚名）

林则徐、邓廷桢巡视澳门

1839年7月,林则徐偕同邓廷桢到澳门巡视,检查华洋户口,并在莲峰庙正殿的亭台开堂,传见葡萄牙官员。图为再现这一情景的塑像。(图/佚名)

第一章
澳门时代影像

1844年中美在澳门签订《望厦条约》

1844年7月3日,钦差大臣耆英和美国代表顾盛在澳门望厦村普济禅院后花园的圆石桌上签订中美第一个不平等条约——《望厦条约》。普济禅院,俗称"观音堂",始建于明天启三年(1622年),是澳门最古老的佛教庙宇,也是整个南海海域少有的、保存完好的禅宗寺院。(图／佚名)

1849年拉塔石炮台之战

　　拉塔石炮台位于拱北炮台山。清政府在第一次鸦片战争中失去了对澳门的军事控制权以后，于1841年在珠海修筑拉塔石炮台，派把总率兵驻守兼管关闸汛务。1849年8月22日，关闸龙田村发生了沈亚米等青年刺杀澳门总督亚马留（João Ferreira do Amaral）事件。25日，

第一章
澳门时代影像

澳葡当局在英、法、美等国的支持下，悍然进攻关闸地区，并攻占了拉塔石炮台。1890年，广州府前山海防军民同知府蔡国桢面对葡萄牙人在前山、湾仔、横琴等地的扩张及军事挑衅，毅然领兵收复拉塔石炮台，随即加强陆地、水域的布兵设防。此后，拉塔石炮台既是边防军事重地，又是中国海关拱北关陆地缉私总部。（图／Alexandrino António de Melo）

19 世纪上半叶澳门南湾

英籍画家乔治·钱纳利（George Chinnery，1774—1852 年）是 19 世纪欧洲来华的最具影响力的画家之一，创作了大量描绘广州、澳门、珠江景物的油画、水彩、素描作品，其画风影响了早期中国口岸外销画家。澳门南湾是钱纳利喜爱的绘画题材。（图/George Chinnery）

19 世纪绘画《澳门街边小贩》

这幅油画描绘了澳门街头小贩做买卖的场景,由葡籍画家马西安诺·安东尼奥·毕士达(Marciano António Baptista,1826—1896 年)绘制。(图/Marciano António Baptista)

最早的澳门照片（组图）

1844年，法国人于勒·埃蒂尔（Jules Alphonse Eugène Itier）在澳门所拍摄的首批照片之一，流传至今的共有六幅。（图/Jules Alphonse Eugène Itier）

妈祖阁内正觉禅林殿外观，此建筑曾被澳门大西洋汇理银行用于纸币图案。

氹仔海面上船只停泊的最佳地点。

第一章
澳门时代影像

葡萄牙人进入澳门后，以南端的西望洋山周围为聚居地。图为西望洋山下的向南海面，东端为现今的加思栏花园延伸至西面的烧灰炉口，形成一个大海滩，称为南湾。

澳门半岛三面环海，水上运输便利，自开埠后即成为中外贸易的要站，货船穿梭其间。图为澳门内港。

南湾海滩旧照，中部竖有围栏。中国曾在南湾设税馆，围杆参天，望台临海，用以稽查夷民登岸。经历两三百年的变化，南湾海滨景象数易，现已填陆成闹市。

澳门影像志
Macao Images

澳门妇女

1870—1872 年间的澳门妇女。（图 /John Thomson）

风灾过后

清同治十三年（1874年）9月22日夜，特大台风横扫了澳门地区。港湾内大小船只纷纷沉没，岸上的房屋成片倒塌，花王堂受电击起火，火光冲天，烧毁大量的房屋。（图／佚名）

莲峰庙

1880年代，澳门莲峰庙天妃殿内景。澳门莲峰庙约建于1592年，与妈阁庙、普济禅院并称为澳门三大禅院。（图／佚名）

葡占时期的澳门 （1887—1999年）

1887年12月，清政府与葡萄牙王国签订《中葡和好通商条约》（或称《中葡北京条约》），确认葡萄牙可长驻澳门管理。从法律上看，澳门并没有割让给葡萄牙，澳门也不是葡萄牙的殖民地，中国在法理上仍然对澳门享有主权。

澳门在葡萄牙统治下经历了繁荣与衰落，一度成为远东地区最重要的贸易港口之一。葡萄牙人利用澳门的地理位置，发展同中国的贸易往来，将大量的丝绸、瓷器等运往欧洲。同时，澳门也成为东西方文化交流的重要窗口，吸引了众多传教士、商人和冒险家前来。在18世纪，澳门更成为亚洲最大的城市之一。

19世纪初，澳门对外贸易开始衰落，葡萄牙人通过从事鸦片和苦力走私两种野蛮性和罪恶性的贸易来挽回败局。澳门葡萄牙人以所谓招工的形式贩卖人口，在澳葡官方一手控制下，打着"自由移民"的招牌，将澳门变成拐卖中国人口的罪恶中心。这种建立在暴力掠掳、利诱拐骗基础之上的苦力人口贸易收入成为当时澳门经济的主要来源。

抗日战争时期，处于葡萄牙统治下的澳门没有被日军占领，但是具有爱国传统的澳门同胞在国难当头之际，情系祖国，积极开展宣传、慰问、募捐、赈济等抗日救国运动。

文 / 毛磊

第一章
澳门时代影像

前澳督府

1880年代，前澳督府坐落在澳门南湾街。澳门回归后成为澳门特别行政区政府总部。
（图／佚名）

贾梅士石洞

　　1880 年代，澳门白鸽巢公园著名的贾梅士石洞，以三块大石叠成。相传十六世纪中叶，葡国著名诗人贾梅士（Luís de Camões，1524—1580 年）在澳门居住两年，曾在此石洞完成著名史诗《葡国魂》。（图／佚名）

议事会大楼

据《澳门纪略》之绘图,议事会大楼前身原为一座以砖石并且带有围墙的中式庭园,是明朝宣读政府命令以及中、葡官员会面的场所。1784 年,葡萄牙人购买了这块地皮,并修建了一座两层楼高的巴洛克式大楼,作为当时葡萄牙人在澳门实行自治及办公的议事公局大楼。图为 1890 年的议事会大楼。(图／佚名)

西方传教士

20世纪初,穿着中式服装的澳门西方传教士。(图/佚名)

第一章
澳门时代影像

明信片上的兴记酒店

约1900年，兴记酒店。兴记酒店于1880年开始营业，由英资开办，楼高三层，是外国人在澳门最早开设的酒店。1928年改为利为旅酒店；1974年改建为南通大厦；1998年再度拆建成今天的南通商业大厦。（图／佚名）

濠镜阅书报社

1911年的濠镜阅书报社（Biblioteca Pública de Macau）是同盟会澳门支部的外围组织。富商子弟卢怡若以绅商身份向澳葡当局申请立案，在白马行街钓鱼台的一座3层大楼内设立濠镜阅书报社，向各界募集图书，以供群众借阅。图中报社的匾额由卢怡若题字。（图／佚名）

第一章
澳门时代影像

孙中山与澳门友人合影

1912年5月,孙中山(右五)辞去临时大总统后,曾到澳门娱园(即今之卢廉若花园)做客,与园主卢廉若(右三)等合影于春草堂。(图／佚名)

省港澳轮船公司

1917年,澳门,港澳码头的省港澳轮船公司。1865年,以德忌利士洋行(Duglas Lapraik &.Co.)东主德忌利士·拿蒲那(Duglas Lapraik)为首的英商联合在港注册成立"省港澳轮船公司",创办资金为75万美元。该公司拥有当时最先进的船只,在省、港、澳三地分别建立自己的码头,省港、省澳之间有了定期的航班。(图／佚名)

童子军合影

1925 年，澳门童子军合影。（图 /José Neves Catela）

澳门影像志
Macao Images

第一章
澳门时代影像

澳门工业展览会开幕

1926年，澳门工业展览会开幕，盛况空前。这是工展会场内的小火车，且标明"澳门制造（MADE IN MACAU/FABRICADO EMMACAU）"。（图／佚名）

何东家族合影

1932 年,何东大家族合影。何东家族为香港开埠后的首任富豪家族,在澳门拥有不少物业,建有私邸。何东在澳门居住的宅邸,后来成为何东图书馆。(图／苏格兰国家现代艺术馆)

内港挑水工人

1930年代，每日有水艇由湾仔银坑运泉水来澳供应饮用，停泊在内港海边，居民购买水筹，由工人挑水上岸，送至各户人家。（图/José Neves Catela）

第一章
澳门时代影像

街道行人

1930年代，人来人往的街道上有赤足出行的市民。（图/José Neves Catela）

三街会馆前的荣宁社

1930年代，三街会馆前的荣宁社。三街会馆（又名关帝庙），为早期澳门华人商家的议事场所，后来的澳葡政府以会馆作为联系华人的机构。"三街"指澳门最早的三条街道：营地大街、关前街和草堆街；"会馆"则由三条街道的商行组成。（图／José Neves Catela）

第一章
澳门时代影像

氹仔天后宫

1930 年代，在氹仔天后宫拜天后的百姓。天后宫是氹仔最古老的庙宇，今庙中存古钟一口，铸有"龙头湾天后宫，乾隆五十年置，万德老炉造"，证明此庙在 1785 年已存在。天后宫正门朝南，面对的正是古代氹仔的海岸线，因此常有渔民前来祭拜。（图 /José Neves Catela）

华商店铺

1930 年代,关前后街华商经营的店铺,摊贩售卖的仕担即印花税票。仕担是英语 stamp(邮票)的音译。在葡萄牙语中,印花税票的名字是"selo fiscal",也可以简称"selo"。(图/José Neves Catela)

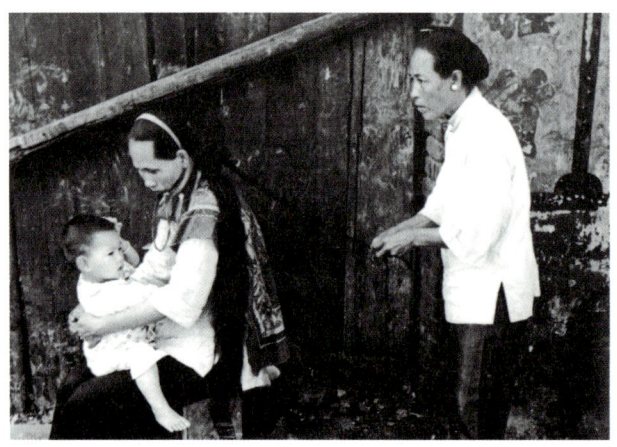

梳头婆

民国时,梳头婆正在给抱着孩子的母亲梳理长辫。(图/José Neves Catela)

第一章
澳门时代影像

猪肠粉档

1930年代，小孩在街上吃猪肠粉。猪肠粉是澳门特色小吃，以米浆置于布上蒸制后卷成卷，配上甜酱、辣酱、麻酱、芝麻食用，别有风味。（图/José Neves Catela）

街头流动广告

1930年代，澳门街头广告。商铺雇人担着商品旗帜到处走动，仿佛流动广告。（图/José Neves Catela）

首条葡澳航线

　　1934年，澳门邮电局用帝力号（Dili）直航空运邮袋往返里斯本和果阿。这是首条里斯本—澳门（经果阿）航线。帝力（Dili）是东帝汶的首都名字。（图／佚名）

龙舟比赛

1937年，澳门龙舟比赛。赛龙舟是端午节传统习俗活动之一，澳门举行赛龙舟的历史悠久，赛龙舟慢慢发展成一项水上体育竞技活动，至今澳门的龙舟比赛仍保留了下水礼、为龙舟净身及开光点睛等习俗仪式。（图／佚名）

难民来澳

20世纪三四十年代，难民从沦陷的内地逃来澳门。（图／佚名）

澳门各界救灾会沿门劝捐出发时摄影纪念

　　1937年10月，由澳门各界救灾会发起，成立"救国公债劝募委员会澳门分会"。抗日战争时期，处于葡萄牙统治之下的澳门没有被日军占领，但是具有爱国传统的澳门同胞在国难当头之际，仍积极开展宣传、慰问、募捐、赈济等抗日救国运动。（图／佚名）

澳门四界救灾会回国服务团

1938年,澳门四界救灾会回国服务团第一队回国留念。后排左三的廖锦涛后来为国牺牲。1937年,"七七事变"发生后,由澳门《朝阳日报》和《大众报》联合发起组织"澳门学术界、音乐界、体育界、戏剧界救灾会"(简称"澳门四界救灾会")。(图/佚名)

澳门四界救灾办事处旧址

澳门四界救灾会办事处旧址(澳门营地大街104号),即当年《朝阳日报》和《大众报》共享的社址。(图／佚名)

第一章
澳门时代影像

叶挺一家在澳门

1939年，叶挺全家摄于澳门贾伯乐提督街76号。这里是叶挺一家1932—1942年间的在澳居所。（图／José Neves Catela）

排队打预防霍乱疫苗

1940年,霍乱流行,澳门人排队打预防霍乱疫苗针。(图／葡萄牙东波塔国家档案馆)

第一章
澳门时代影像

年画摊档

1940年代,澳门的年画摊档前吸引了大批市民。(图/José Neves Catela)

叙闲谈话室

1940年，澳门一家以"叙闲谈话室"为名的吸鸦片室。（图／葡萄牙东波塔国家档案馆）

蚝油店铺

1940年,澳门一家卖蚝油的店铺。(图／葡萄牙东波塔国家档案馆)

梁永馨香庄

1940年,澳门著名的梁永馨香庄店面。该香庄由来自新会的梁寿田于清末光绪年间创办,是一家经销和出口各类神香和中药的老字号。(图／葡萄牙东波塔国家档案馆)

咸鱼铺

1940 年，澳门一家卖咸鱼的店铺。（图／葡萄牙东波塔国家档案馆）

英语课

1940年,澳门的一所中学在上英语课。(图/葡萄牙东波塔国家档案馆)

第一章
澳门时代影像

望德学校女子部

1940年，澳门华人学校望德学校女子部。（图／葡萄牙东波塔国家档案馆）

057

穿旗袍的华人女子

民国时期,一位女士穿着时兴的旗袍,在庙宇石狮子前拍照。(图/José Neves Catela)

穿凤冠裙褂的"番鬼婆"

1940年代,"番鬼婆"穿凤冠裙褂笑逐颜开。以前,粤语把外国人统称为"番鬼",女性外国人则称为"番鬼婆"。(图/José Neves Catela)

全澳公开校际女子乒乓团体赛冠军

1940年，总理纪念中学荣获全澳公开校际女子乒乓团体赛冠军。（图／佚名）

全澳华人学校男子百磅篮球公开赛

1940年，总理纪念中学代表队参加全澳华人学校男子百磅篮球公开赛合影。（图／佚名）

第一章
澳门时代影像

临海跳舞

1949年6月6日,峰景酒店前跳舞的人群。(图/Jack Birns)

大丰金铺

1949 年 6 月 6 日，从卡车上搬运黄金到大丰金铺。（图 /Jack Birns）

黄金走私船

1949 年 7 月,澳门港口的船只来往不息,其中大多用来走私黄金。(图 /Jack Birns)

濠江中学升国旗

　　1949年10月1日，新中国成立当天，澳门的濠江中学校长杜岚带领师生将一面自己缝制的五星红旗，在校园内高高升起。这也是澳门升起的第一面五星红旗。（图／佚名）

第一章
澳门时代影像

工人慰问解放军

1950年2月，澳门各界拥军拥政代表团前往中山市石歧区出席双拥大会。（图／黄东明）

南湾区

1950年,南湾区建筑,正前方是邮政局大楼。(图／佚名)

第一章
澳门时代影像

河边新街

1950 年,位于内港的河边新街。右方的河岸边建有码头,是澳门早年水上交通客货运的集中地。(图 / 李玉田)

轮船票价告示

1950年代，德星大轮船的票价告示。（图/Harrison Forman）

澳门航空公司职员

1950年代，一名澳门航空公司职员在打电话。（图/Harrison Forman）

街边饮食

1950年代,一家人在街边食摊就地饮食。(图/Harrison Forman)

第一章
澳门时代影像

澳门炮竹厂

澳门炮竹业自1920年代开始迅速发展，多家炮竹厂在氹仔设立，成为当时澳门的龙头产业。在1950年代至1970年代的全盛时期，许多氹仔居民从事炮竹产业相关工作。组照为1950年代，澳门广兴泰爆竹厂的工人在制作炮竹。(图/Harrison Forman)

澳門影像志
Macao Images

第一章
澳门时代影像

吴陈比武

1954 年 1 月 17 日,太极拳家吴公仪(旅居香港)迎战澳门白鹤拳家陈克夫,震动了港澳武坛和市民大众。吴陈比武是中国太极拳史上第一次有确切文字记载,并有影片、照片等为证的比武,引发了近二十年的武术热,催生了金庸、梁羽生的新派武侠小说,可谓影响深远。(图/谭启汉)

1950年代的澳门街头

1950年代,澳门街头到处是广告,既有传统饮食云吞牛腩粉面,也有时髦的咖啡牛奶;既有中资景新百货公司,也有英商联合保险公司。(图／Harrison Forman)

1960 年代的澳门街头

1960 年代，澳门街头已常见市民骑自行车出行。（图 /Harrison Forman）

澳門影像志
Macao Images

第一章
澳门时代影像

毗邻广东的澳门农村

1960年代，毗邻广东省的澳门农村，农民正在耕种。远处山上可见中国国旗和葡萄牙国旗。（图/Harrison Forman）

哪吒庙出神像

  1961年，大三巴哪吒庙出神像队伍经过议事亭前地。哪吒诞是澳门一个重要的神诞，至今已有三百多年历史，是国家级非物质文化遗产。开埠至今，议事亭前地一直是澳门的市中心，许多节日庆祝活动都在此举行。（图／李玉田）

天主教圣像出游

约 1960 年代,天主教圣像出游活动。(图／李玉田)

等水车

1964年,澳门百姓在等水车。曾经,澳门市民需经由水车购买饮用水。为解决水荒问题,何贤、马万祺等社会人士向广东省政府提出请求,在珠海兴建水库供澳门使用。随着珠海湾仔的银坑和竹仙洞两座大水库建成,澳门居民用水问题得到解决。(图／谭启汉)

第一章
澳门时代影像

建设中的澳氹大桥

连接澳门半岛与氹仔的第一座大桥澳氹大桥始建于1970年，1974年10月5日，正式开通澳氹大桥。澳氹大桥又名"嘉乐庇总督大桥"，全长2.5公里。（图／李玉田）

澳门影像志
Macao Images

第一章　澳门时代影像

工人球场旧貌

1972年，工人球场旧貌。工人球场原名"工人体育场"，面积约1000平方米，建成于1958年8月。（图／欧平）

海傍旧貌

1972年，海澳门半岛花王堂区的巴素打尔古街。（图／欧平）

交通警岗

1976年,澳门街头的交通警岗。(图／李超宏)

港澳埠际足球赛

1977年5月7日,香港界限街体育馆举办的港澳埠际足球赛中。港澳埠际足球赛始于1937年,是香港足球代表队与澳门足球代表队每年一度角逐的足球锦标赛,由香港及澳门轮流主办。(图/Chan Kiu/South China Morning Post/Getty Images/VCG)

澳门广播电视有限公司

1980年代,澳门广播电视有限公司是澳门唯一的葡语电视频道。(图／澳门特别行政区市政署)

制衣工业

1980年代,制衣工业是澳门工业的最大支柱。(图／澳门特别行政区市政署)

澳门影像志
Macao Images

新口岸填海区

1982年的新口岸填海区,现已高楼林立,是澳门最现代化的城区。(图／澳门特别行政区市政署)

第一章
澳门时代影像

澳门街头的青岛啤酒广告

1983年4月,青岛啤酒广告出现在澳门街头。(图/Joël DUCANGE/Gamma Rapho via Getty Images/VCG)

卫星转播

　　1987年3月26日上午,澳门居民在街道电器商店的电视机前观看卫星转播的中葡关于澳门问题的联合声明在北京草签仪式。(图／汤孟宗／新华社)

第一届澳门艺术节

1988年,第一届澳门艺术节的粤曲演出。(图／澳门特别行政区市政署)

停泊的游艇

1990 年，澳门路环的游艇停泊区。（图 /Christian SAPPA/Gamma-Rapho via Getty Images/VCG）

移走亚马留铜马像

　　1992年10月28日，1940年6月24日于南湾顷地落成的澳门总督亚马留铜马像被吊离地面，结束了它盘踞了52年之久的基座，被运回葡萄牙本土。亚马留对华人征税，派兵捣毁中国海关，进行殖民扩张，后被望厦村民刺杀。（图／林建璋）

第一章
澳门时代影像

友谊大桥落成典礼

1994年4月,友谊大桥落成典礼。友谊大桥耗资6亿余元兴建,1990年8月动工,1994年4月落成,7月正式通车。(图／林健安)

澳門影像志
Macao Images

第一章
澳门时代影像

澳门国际机场开幕典礼

1995年12月，澳门国际机场举行开幕典礼。澳门国际机场于1989年正式开工，1995年建成启用，是澳门唯一的机场。（图／张耀棠）

四位澳门小姐合影

1996年10月29日，四位来自同一土生葡萄牙人家族的澳门小姐合影，她们被称为毕氏四姐妹。左起：1996年冠军毕美琪（Guiomar Pedruco），1993年冠军毕嘉丽（Isabela Pedruco），1995年冠军毕嘉宝（Geraldina Pedruco），1989年冠军毕美娜（Guilhermina Pedruco）。（图 /Gianni Ferrari/Cover/Getty Images/VCG）

第一章
澳门时代影像

斗牛表演

1997年，澳门最后一次举办斗牛表演。1966年8月，澳门首办斗牛表演，也是远东地区首办，轰动一时。斗牛士以及表演的牛及马匹，都是从葡萄牙远道而来。当时的斗牛场设在葡京酒店附近，是临时搭建的竹棚，可容纳6000名观众。（图／林健安）

澳门博物馆落成开放

1998年4月18日,澳门博物馆落成开放。澳门博物馆是展示澳门历史及民俗的城市博物馆,位于古迹大炮台上,由葡萄牙建筑师马锦途(Carlos Bonina Moreno)设计。(图／黄明辉)

训练灰狗

　　1999年1月1日，逸园赛狗场的灰狗训练。澳门最早的赛狗活动始于1932年，逸园赛狗场曾是亚洲唯一一家经营赛狗的博彩场所，被《时代杂志》网站选为二十五项"游客不容错过的亚洲体验"之一。不过随着人们对动物权益的认识日益提高，逸园赛狗场收入日渐下降。2018年7月20日，逸园赛狗专营批给合同正式终止，结束了已有87年历史的赛狗活动。（图/Michel Setboun/Corbis via Getty Images/VCG）

观音像落成

1999年1月1日的观音像。观音像位于澳门新口岸新填海区，主要由像身和莲花座两个部分组成，又称"望海观音"，其底座部分的直径19米，由16块莲花瓣组成，莲花座内部还有观影室、图书馆及多功能展厅等。（图/Viviane Moos/CORBIS/Corbis via Getty Images/VCG）

澳门升起五星红旗第一人杜岚

　　1999年，在澳门濠江中学升起五星红旗第一人杜岚应邀参加央视春晚，大年初三（1999年2月18日）回到澳门家中。1999年12月20日，澳门回归祖国当天，已经87岁高龄的杜岚，放下拐杖在濠江中学再次升起国旗，把对国家的爱传递给澳门濠江中学的孩子们。（图／胡伟鸣）

澳门卫星电视台正式启播

　　1999年6月21日，投资上亿澳元的澳门卫星电视台正式启播。该电视台占地1.4万多平方米，内设现代化的播音室、编辑室，播发的电视节目频道将覆盖世界70多个国家和地区。图为试播场景。(图／毛建军／CNSphoto)

连接澳门与内地的莲花大桥竣工

1999年11月,连接澳门与内地的第二条陆上通道——莲花大桥竣工,2000年3月正式启用。该桥全长1600多米,是一条由珠海横琴岛至澳门氹仔填海区的跨界桥梁。(图／梁永强／CNSphoto)

澳门影像志
Macao Images

第一章
澳门时代影像

再见澳门

1999年12月19日，一名葡籍人士在澳门政权交接之日，身穿印有中葡国旗和"再见澳门"的衣服，到大三巴遗址默默告别。（图／贾国荣／CNSphoto）

回归以后的澳门 (1999—2024年)

澳门回归，是完成祖国统一大业中的又一重大进展。

根据基本法规定，澳门特别行政区享有行政管理权、立法权、独立的司法权和终审权。在政治上，澳门实行"高度自治、澳人治澳"，保持了自身的自治权力，成为"一国两制"实践的成功典范。25年来，澳门民生改善措施成效明显，公共服务水平持续提升，区域合作与国际交流有序拓展，适度多元发展持续推进。随着港珠澳大桥、横琴口岸新旅检通道等系列民生工程建成投入使用，"澳车北上"等惠澳政策落地生效，澳门居民到内地就业创业、出行游玩、商贸往来更加便利，粤港澳大湾区"一小时生活圈"已从愿景变为现实。《横琴粤澳深度合作区总体发展规划》加快落实，绘出琴澳高质量发展"新图景"。

为了保护和传承澳门的文化遗产，特别是葡萄牙执政时期留下来的建筑物和文化传统，澳门特区政府制定了一系列政策和措施，包括修复历史遗迹、开展文化活动、推广传统文化等，以促进澳门文化事业的多元融合及繁荣。

澳门，正迈向更美好的明天。

文 / 毛磊

第一章
澳门时代影像

庆回归大巡游

1999年12月20日,澳门举办庆回归"迈向美好明天"大巡游活动。(图／潘德昌)

公益金百万行

　　2003年，孙逸仙大马路的公益金百万行活动。公益金百万行始于1984年，为筹募善款而举办，每年12月举行，是澳门一年一度的慈善嘉年华活动，也是澳门最大型的公益活动之一，每次都有逾十分之一的澳门市民热情参加。（图／麦庆坚）

西湾大桥正式通车

2005年1月9日,连接澳门和氹仔的第三条大桥——西湾大桥正式通车。西湾大桥全长2200米,是全球首座预应力混凝土双层主梁斜拉桥,主塔采用"M"造型,别具一格,是斜拉桥的首创。(图／梁永强／CNSphoto)

东亚运动会体育馆（澳门蛋）夜景

　　2005年7月5日，东亚运动会体育馆（澳门蛋）正式投入使用。全馆由室内运动场、综合剧院、展览中心及澳门国际会议中心等四个独立部分组成，顶部采用透光建材，能让室外的天然光线透进会场，实践环保理念。（图／郭剑华）

AJ Hackett 在澳门旅游塔挑战世界纪录成功

　　2005 年 8 月 17 日，世界蹦极跳宗师 AJ Hackett 在澳门旅游塔 233 米一跃而下，成功创造全球最高的高空跳伞纪录。澳门旅游塔，又称观光塔，是澳门最著名的地标之一，也是中国第 6 位及全球第 21 位独立式观光塔，能俯瞰澳门全景。（图／梁永强／CNSphoto）

澳门影像志
Macao Images

第一章
澳门时代影像

渔人码头夜色

2007年7月16日，渔人码头夜色。澳门渔人码头是澳门首个以主题式设计的综合娱乐旅游新景点，总投资约达19亿元港币，坐落于外港新填海区海岸，占地超过9.3万平方米，集娱乐、购物、饮食、酒店、游艇码头及会展设施于一体。（图／陈显耀／CNSphoto）

土地诞粤剧表演

2008年3月10日,澳门庆贺土地诞的粤剧表演。"土地信俗"是澳门非物质文化遗产,敬的是"土地公"。土地公是古代神话中管理一方土地的神祇,上保风调雨顺,下保家宅平安,寄托着老百姓最朴素的愿望,被认为是民间最接地气的一位神灵。(图/黄明辉)

澳门传递奥运圣火

2008年5月3日,奥运圣火到澳门。(图／何骏彦)

夕阳下的澳门街道

2009年10月7日,澳门街道狭窄,汽车与摩托车从中穿行,在夕阳下另有一种古朴的风味。(图/梁达明)

赛马比赛

2012年4月22日,澳门举行赛马比赛。(图／陈显耀／CNSphoto)

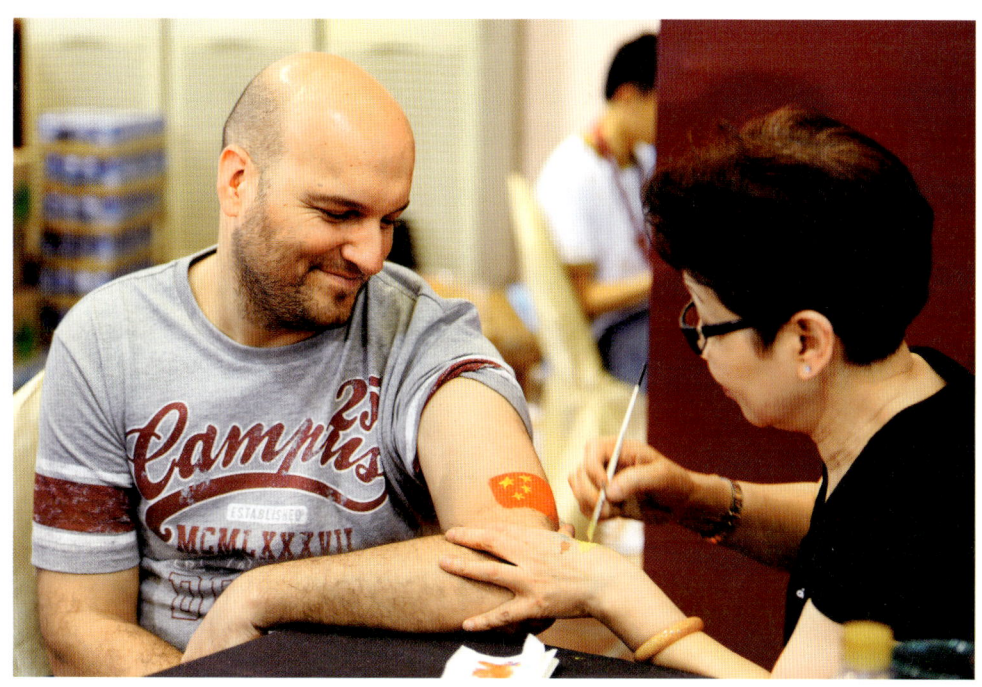

世界女排大奖赛的外国支持者

2012年6月,世界女排大奖赛澳门站,中国队夺冠。(图／黄明辉)

南音说唱

2013年10月25日,澳门的国家级非物质文化遗产"南音说唱"吸引众多观众。(图／陈显耀／CNSphoto)

神像木雕

  2014 年 12 月 19 日，澳门的国家级非物质文化遗产"神像木雕"。神像雕刻是澳门的一种传统雕刻艺术，它起源于当地渔民和其他居民的宗教信仰，秉承中国古典造像艺术的优良传统，保持了包括金漆工艺在内的古法髹饰，以及堪称江浙造像主流的宁波派形制，同时又借鉴缅甸等外来造像艺术的造型元素和接合方法，并加以改良和创新。（图／陈显耀／CNSphoto）

北帝诞贺诞活动

2014年4月5日,澳门民众参加氹仔北帝庙北帝诞贺诞活动。(图／陈显耀／CNSphoto)

第一章
澳门时代影像

划定澳门行政区域图

2015年12月20日，国务院明确澳门特别行政区依法管理85平方公里的水域和相关陆地范围。（图／澳门特别行政区新闻局）

第一章
澳门时代影像

"大黄鸭"游来澳门

2016年4月29日,大黄鸭(Rubber Duck)"游"到澳门,受到热烈追捧,众多市民游客前往探望并纷纷与之合影留念。(图／王国安／CNSphoto)

幻彩大巡游

2016年12月4日,澳门举行拉丁城区幻彩大巡游活动。(图／陈显耀／CNSphoto)

澳门高校首次举行升旗仪式

2018年3月27日上午8时,澳门科技大学在A座行政大楼前举行隆重升旗仪式,庆祝创校18周年。此次为澳门高校首次举行的升旗仪式,开创了澳门高校升旗仪式的先例。(图／钟欣／CNSphoto)

澳门影像志
Macao Images

第一章
澳门时代影像

澳门大学夜景

2018年7月12日，航拍澳门大学夜景。2009年，澳门大学在珠海横琴的新校区开工。澳门大学前身为1981年3月28日成立的东亚大学，位于氹仔观音岩附近的山岗上，它的成立标志着澳门现代高等教育的开始。1991年，澳门大学由私立转为公立并更为现名。新校区于2013年11月5日在珠海横琴正式启用，依照澳门法律实施管辖。（图／陈显耀／CNSphoto）

港珠澳大桥正式通车

2018年10月23日,全长约55公里的港珠澳大桥正式通车。(图/张炜/CNSphoto)

夜色中的佛语灯光

2019年1月11日,澳门街头屋顶的南无阿弥陀佛灯光。(图／苏铮)

第一章
澳门时代影像

夜色中的教堂

2019年1月11日,澳门街头屋顶的十字架灯光。(图／苏铮)

新春舞龙

2019年2月5日,澳门议事亭前地上演新春舞龙。(图／陈显耀／CNSphoto)

澳门旅游塔国际烟花表演

2019年10月5日,国庆期间的澳门国际烟花表演,图为日本队的亮相。(图/VCG)

澳门影像志
Macao Images

澳门劳动者

2019年，澳门的四位普通劳动者。澳门的繁荣离不开各行各业劳动者们的付出，失业率也从回归初的6.3%下降到2018年的1.8%。他们虽处基层，但一直兢兢业业，是千千万万的他们造就了今日澳门的繁荣。

澳门工地工人何锦负责处理工地事项，已工作25年。（图／张金加／新华社）

澳门培华中学教师袁金淑，负责数学及公民教育，已工作20年。（图／张金加／新华社）

第一章
澳门时代影像

澳门国际机场营运员邓祺君在机场指挥飞机停泊，已工作3年。（图／张金加／新华社）

澳门公共汽车股份有限公司郑家松，主要负责为公交车做定期保养及维修，已工作2年。（图／张金加／新华社）

庆祝澳门回归祖国20周年澳珠烟花会演

2019年12月22日晚上9时,澳门与珠海在澳门旅游塔及珠海横琴金融岛对出海面举行

"庆祝澳门回归祖国 20 周年澳珠烟花会演",这是两地首次联合举行烟花会演。(图／谢光磊／CNSphoto)

疫情下的澳门

2020年2月13日10点半左右,议事亭前地空无一人。新冠肺炎疫情发生以来,澳门特区政府按疫情发展调整措施,以应对疫情对澳门造成的影响。(图／陈显耀／CNSphoto)

第一章
澳门时代影像

澳门大熊猫双胞胎迎来 5 周岁生日

2021 年 6 月 26 日，不少澳门市民来到大熊猫馆，庆祝"健健""康康"5 岁生日。当日，中央政府赠送澳门特区的大熊猫"开开""心心"的双胞胎儿子——"健健""康康"迎来 5 周岁生日。（图／钟欣／CNSphoto）

珠澳口岸人工岛

2022年10月4日,珠澳口岸人工岛。位于珠海拱北湾南侧的珠澳口岸人工岛,是港珠澳大桥主体工程与珠海、澳门两地的衔接中心,人工岛东西宽930—960米、南北长1930米,工

第一章
澳门时代影像

程填海造地总面积近 220 万平方米，该岛于 2009 年 12 月 15 日开始建设，总花费 18.35 亿元。
(图／黄明辉)

澳门轻轨

2022年10月4日,澳门轻轨穿城而过。2019年12月10日,由氹仔码头站开出的澳门轻轨正式开通运营。(图/黄明辉)

第一章
澳门时代影像

成功发射"澳门科学一号"卫星

2023年5月21日16时,酒泉卫星发射中心采用长征二号丙运载火箭,成功发射首颗内地与澳门合作研制的空间科学卫星"澳门科学一号"。该卫星作为国际首颗低纬度地磁场与空间环境的科学探测卫星、国内地球磁场探测精度最高的卫星,将显著提高中国空间磁测技术水平。(图/汪江波/CNSphoto)

城市绿洲

2023年6月19日,龙环葡韵湿地。澳门特区政府在发展都市建设的同时也着重生态环境保护。(图／叶展华)

官也街人气爆棚

2023 年 7 月，澳门以美食著称的官也街游客众多，人气爆棚。（图／王冈／CNSphoto）

澳门影像志
Macao Images

2023 年的澳门

2023 年 7 月 7 日，澳门半岛新貌。远处为兴建中的第四座跨海大桥。2024 年 3 月，澳门特区政府决定将澳氹第四座跨海大桥命名为"澳门大桥"。（图／叶展华）

第一章
澳门时代影像

澳门影像志
Macao Images

第一章
澳门时代影像

澳门南湾区新貌

2023年9月12日，澳门南湾区。正前方是中国银行澳门分行。（图／叶展华）

澳门参加第 19 届亚运会

2023 年 9 月 23 日，第 19 届亚运会开幕式在浙江杭州奥体中心体育场举行。图为中国澳门代表团入场。（图／盛佳鹏／CNSphoto）

横琴粤澳深度合作区正式封关运行

2024年3月1日零时,横琴粤澳深度合作区启动封关运行。这标志着货物"一线"放开、"二线"管住、人员进出高度便利的横琴分线管理政策正式落地实施。"一线"即横琴口岸,"二线"通道包括横琴大桥、深井通道、横琴隧道、十字门隧道、广珠城轨延长线横琴站、长隆站、横琴码头等7个通道。图为横琴大桥"二线"通道海关监管区。(图/陈骥旻/CNSphoto)

澳門影像志
Macao Images

第一章
澳门时代影像

金莲花广场国旗和区旗飘扬

  2024年4月10日，金莲花广场。金莲花广场是为庆祝1999年澳门回归而建的广场，已成为澳门著名地标及旅游景点。莲花是中华人民共和国澳门特别行政区区花，莲花盛开，象征澳门永远繁荣昌盛。每年国庆节、澳门回归纪念日，澳门特区政府都在金莲花广场举行升国旗、区旗仪式。（图／黄明辉）

CHAPTER TWO

第二章

澳门图片故事

MACAO
PICTURE STORIES

澳门影像志
Macao Images

澳门妈阁庙

| 文·吴健 |

约1865年，妈祖阁入口。（图／佚名）

第二章
澳门图片故事

　　澳门半岛西南端有座著名的古刹——妈祖阁（俗称妈阁庙），它依山面海，沿崖而筑，由"神山第一"大殿、正觉禅林、弘仁殿及观音阁等四幢主要建筑物依山势组合而成。在各个建筑物之间，有石阶和曲径相通，四周苍翠的古树、错杂的花木、纵横的岩石，把园林优雅的风景和庄严的寺庙巧妙结合在一起，带有浓郁的岭南文化特征，是澳门现存有实物可考的最古老的庙宇。妈阁庙早期称娘妈庙、天妃庙或海觉寺，后定名"妈祖阁"，华人俗称"妈阁庙"，始建于明朝弘治元年。

　　传说中掌管海上航运的女神"妈祖"，即闽南语"母亲"的意思。妈阁庙内供奉妈祖，姓林名默，北宋福建莆田人。传说她聪颖通神，常搭救遇难船只，28岁那年的九月初九重阳之日羽化登仙，历代王朝为其敕封，至清代封为天后，至此妈祖美名远播，被信众尊为天后娘娘。纪念妈祖生辰的"娘娘诞"，便被称为"天后诞"，供奉妈祖的庙宇又称为"天后庙"。妈阁庙平时香火不绝，每年农历除夕和三月二十三妈祖诞辰，澳门及周边地区的善男信女都来妈祖阁上香拜祀，整个庙宇上空弥漫淡淡紫烟，洋溢着平安祥和气氛，逐渐成为澳门八景之一的"妈阁紫烟"。

　　妈阁庙门口有对石狮子，雕工精美，形态逼真，据说是三百多年前清朝人的杰作。院内一块名为"洋船石"的巨石上，刻有一艘古代海船，船的桅杆上挂着写有"利涉大川"的幡旗，是人们喜爱的"一帆风顺"的图景。据考证，这是记载约五百年前一个福

澳门妈阁庙的旁边,图为1909年拍摄的洋船石。(图／美国国会图书馆))

建商人乘船来澳门途中遇到风暴,幸得妈祖相救的故事。内靠墙的碑石上,有妈祖阁五百周年纪念文字,在曲径两旁的岩石上有许多的摩崖石刻,这是历代名流政要或文人骚客的遣兴之作,或是赞美妈祖精和寺庙的风光,或是抒发自己的感慨。

　　事实上,妈祖本是多元的地方保护神,不仅护航,也御灾捍患、护卫妇孺以及占卜吉凶;既被渔民海商供奉,亦为岸上崇敬。妈祖信仰本是民间信仰,后融入佛教、道教,成为多元信仰,这种多元化往往体现在每年举办的天后诞,由海陆居民团体联合组成水陆演戏会主理其事,在妈阁庙前搭棚上演神功戏,百年来成为中外诗人、画家的重要题材,成为澳门文化一大盛事。在澳门的邮票、钞票中,以妈阁庙作为图案的特别多,自1954年发行第一组妈阁庙图案的澳门钞票,迄今已有十余款钞票以妈阁庙图案。澳门邮票自1948年选印妈阁庙,迄今亦有超过十种邮票选印妈阁庙山门、洋船石。如此多的钞票、邮票选印上妈阁庙图案,可见妈阁庙与澳门渊源深厚,关系密切。

第二章
澳门图片故事

2013年6月9日，妈阁庙里终日缭绕的香火。（图／黄明辉）

2006年3月3日,妈阁庙的红墙绿瓦与红叶绿叶相得益彰,春色动人。(图/黄明辉)

2023年1月22日,妈阁庙前,舞龙队舞着238米的长龙庆祝农历新年。(图/Eduardo Leal/AFP/Getty Images/VCG)

五百多年来，澳门妈阁庙饱经沧桑，是澳门历史发展的见证。如今，从妈阁庙的高处可以瞰视澳门的内港码头和与之隔海相望的珠海经济特区。澳门已从昔日的小渔村，变成国际上知名的繁华城市。约70万人口的澳门，每年要接待千万游客，回到祖国怀抱的澳门正按照"一国两制"的原则，实行"澳人治澳"，继续繁荣发展。这也正应了妈阁庙上的那副对联：风调雨顺，水陆平安。

澳门影像志
Macao Images

澳门大三巴牌坊

|文·吴健|

约1902年的大三巴牌坊（图/C.H. Graves）

第二章
澳门图片故事

不去大三巴牌坊，等于没有到过澳门。

大三巴牌坊是圣保禄教堂的前壁，"三巴"系葡文"São Paulo"的粤语发音。葡萄牙人进入澳门后，于1565年在今日的大三巴附近用土木石块建房，供传教士及教士潜修之用。1580年起，葡萄牙人才陆续兴建修院和小教堂，建起了早期的圣保禄教堂。这座教堂不仅是澳门最早的欧式建筑，也是远东最大的天主教堂，不过教堂仅存在30年，便在1595年的一次大火中焚毁。不久，葡萄牙人又重建教堂，但在1601年第二次大火中也被烧了个干净。第二次大火后，教会发动葡商筹款再建，并由史宾诺拉神父设计，1602年奠基，1637年前门石壁竣工，历时35年，耗银3万两，建筑之壮观引人注目。可惜，1835年，由于葡军在教堂内堆放柴草，又引发第三次大火，只剩下烧不坏的石结构教堂前壁，也就是现在仅存的大三巴牌坊。20世纪初，神父高美士又筹得巨款意欲再建，可惜壮志未酬而身先死，于是"后遂无问津者"。

教堂虽烧光了，却留下一段神奇传说。据说，原教堂内有条可通外面的秘密隧道，是当年教士藏宝之处。20世纪60年代，澳葡当局主持过发掘工作，除挖出12根枯骨及一些陪葬品外，并无隧道及宝物出现，故至今仍是未解之谜。

这里的"文化交融遗珠"比比皆是。据考证，以《牡丹亭》名扬中外的明代大作家汤显祖曾于1592年到过澳门，其《牡丹亭》第二十一折里提到的"香山岙里巴"，其中"香山岙"即濠镜澳，即今之澳门，"巴"即"大三巴"，即葡文"圣保禄"的音译。而较鲜为人知的是汤显祖的《香岙逢贾胡》一诗："不住田园不树桑，珷珂衣锦下云樯。明珠海上传星气，白玉河边看月光。"贾胡者，葡商也，他们驾着云樯远道而来，身上穿的是绫罗绸缎，闪耀着珠光宝气，和白云珠海、星光月色相

约 1858 年的一幅描绘大三巴牌坊和圣保禄学院的插画(图／香港浸会大学图书馆)

映生辉。从这首诗来看,诗人对当时所见到的"贾胡"还是诚挚欢迎的。清代画家吴历在康熙二十年(1681 年)来到澳门,住在三巴堂(即圣保禄教堂)修道,所作《澳中杂咏》描绘了当地独特的风物民情,其中一首"小西船到客先闻,就买胡椒闹夕曛。十日纵横拥沙路,担夫黑白一群群"。这首诗形容澳门常有小船运来西洋、南洋货物,商业繁盛。

如今,这座建在高台上的大三巴牌坊很像内地常见的牌坊或牌楼,但结构要复杂得多。牌坊高 27 米、宽 23 米,整个建筑的外观像个谷仓,共分五层,最下面的两层有左、中、右三个门洞,游客可以从门洞中穿过。每层都有一些凸出的石柱,石柱之间嵌有宗教色彩很浓的雕塑,虽然历经时代的风雨,仍然十分清晰。大三巴牌坊虽是一座西方建筑,但也兼具东方建筑风格。比如,牌坊上的雕刻大多左右对称,这正是中国古代建筑的特点之一。又如,在牌坊的第三层,有一副用汉字书写的对

1958年，大三巴牌坊旁边的可口可乐广告。（图／Harrison Forman）

1964年，大三巴牌坊前举办活动，庆祝耶稣会来澳传教400周年。（图／典藏单位：澳门圣若瑟修院；数字作品提供者：澳门信息学会；鸣谢："澳门记忆"文史网）

2011年10月23日，大三巴前的葡萄牙人弹唱。（图／黄明辉）

联。在第三、第四层还有左右对称的狮子雕像，如同中国古代庙宇在门前安放一对石狮子。

  大三巴牌坊不仅是澳门历史的见证，也记录着西方文明进入中国的重要时刻。1583年，著名的传教士利玛窦在这里绘制出了《万国图志》，并添加了中文标识，这标志着传统中国地图开始与西方世界地图交融。明隆庆三年（1569年）大三巴附近建起了圣加扎西医院，西医、西药从这里开始进入中国。大三巴牌坊附近的圣保禄学院由耶稣会在1594年创立，是东亚最早的一所西式大学，在实施西方教育的同时，还对即将进入东方的传教士进行东方文化的培训，培养了一大批诸如利玛窦、汤若望等精通中国文化的传教士。

  1999年12月，在大三巴牌坊前，300名小朋友组成合唱团，齐声唱响《七子之

2022年11月19日,澳门文化局举办的"乐韵悠扬大三巴"音乐会,由澳门乐团及澳门中乐团轮番现场演奏经典乐曲,为公众献上独特的音乐体验。(图／黄明辉)

歌》,共庆澳门回归。多年来,"澳门光影节"的光雕表演令大三巴牌坊在夜色下熠熠生辉。每年11月举办的"乐韵悠扬大三巴"音乐会迷醉了每一位倾听者。如今的大三巴牌坊,既是澳门旅游胜地,也是举行文化活动的理想户外场地,焕发出无尽的魅力。

大三巴牌坊附近的街道和小巷里,还藏着许多小店和美食,能品尝到地道的澳门风味。这里还是澳门本地人相约碰头的首选之地。

可以说,大三巴牌坊是东西方艺术交融的产物,也是澳门作为中西文化交汇点的最好说明,这也正是人们把它看作澳门象征的原因之一。正如曾在大三巴牌坊留影的著名诗人艾青所言,这里具有"茶叶与咖啡"并存的特色,是东西文化交融的结晶。

澳门影像志
Macao Images

澳门博彩业

| 文·毛磊 |

2019年11月21日，澳门新葡京、旧葡京酒店并立。新葡京酒店（左）于2008年12月17日正式开幕，旧葡京酒店（右）于1970年6月11日落成启用。（图／卢文／VCG))

第二章
澳门图片故事

澳门是中国唯一博彩合法的地区，也是全世界最大的博彩中心。2023年澳门经济总量达到3795亿澳门元，其中博彩毛收入约1837亿澳门元。

澳门博彩业历史悠久，素有"东方蒙地卡罗""亚洲拉斯维加斯"之美誉，作为澳门经济发展的支柱型产业，博彩旅游业经历了一个缓慢的发展过程。

清代之后，随着东西方贸易及文化交流的不断扩大，澳门对西方国家的重要性越来越高。在清政府不愿更多开放沿海港口的情况下，西方许多国家开始利用澳门这个最方便的前沿登陆中国。从1535年澳门开埠到1840年的约300年间，由于独特的历史及地理位置，澳门一直是中国对外贸易的开放港口和东西方国际贸易的中继港。

1840年鸦片战争之后，中英签订《南京条约》，其中规定广州、厦门、福州、宁波、上海五处为通商口岸，实行自由贸易，这样一来中国对外贸易的重心也就从南向北转移，澳门作为转口贸易港的重要性受到巨大影响，导致澳门海关收入减少，澳葡政府陷入严重的财政危机。在当时的情况下，能否改善财政状况成为葡萄牙人维持对澳门管治的先决条件。

澳葡政府的首要问题就是扭转葡萄牙人在澳门的财政拮据的局面。1846年，澳门总督彼亚度发出准许开设番摊赌馆的总督训令。1847年亚马留接任总督之后，把"番摊""闱姓""白鸽票"等赌博方式合法化。澳门的近代博彩业得以迅速发展，成为近代澳葡政府税收的一个重要组成部分。

提及澳门的博彩业，有一个人无论如何都无法绕过，他就是大名鼎鼎的"赌王"何鸿燊。1961年10月，不惑之年的何鸿燊以多出竞争对手1.7

1909年8月21日,《伦敦新闻画报》刊载的一幅插图描绘了澳门一个赌场里,赌徒将赌注放在一个篮子里吊下来的场景。(图／香港浸会大学图书馆)

万澳门元的价格,取得赌场专营权。从此,赌王掌握赌场专营权40年,一举成为澳门首富。

2002年,为了打破赌场发展壁垒,合理配置并充分发挥资源,澳门特区政府决定开放博彩业经营权,为博彩旅游业发展注入了新鲜活力与竞争机制。澳门博彩业由一家独营变为三足鼎立。不久,三个赌牌再拆分成六个。从此澳门博彩业进入了超常井喷式发展期,迅速成为全球博彩收入最高的城市。

澳门博彩业在2022年迎来近20年来的最大变革,开展了新一轮的赌牌公开竞投,由7家公司争夺6张牌照。2007年8月28日,威尼斯人购物中心开业。耗资24亿美元建造的澳门威尼斯人度假村酒店,拥有3000间套房,仿照意大利威尼斯的运河及雕塑等著名建筑兴建,是亚洲最大型的单栋式酒店及世界上第二大建筑物酒店。酒店有850张赌桌、4100台角子机(老虎机),赌桌数量全世界第一。2022年11月26日,美高梅金殿超濠股份有限公司、银河娱乐场股份有限公司、威尼斯人澳门股份有限公司、新濠博亚(澳门)股份有限公司、永利度假村(澳门)股份有限公司、澳娱综合度假股份有限公司最终获得幸运博彩经营牌照。

第二章
澳门图片故事

1930年代，过年期间，新马路一带街巷允许开设骰宝摊。（图/José Neves Catela）

  游客站在澳门标志性建筑物大三巴牌坊前，向南观望，可以看到由一个巨大的球形以及一个澳门特区区徽莲花造型的金色大楼组成的金色建筑物，那是澳门著名博彩场所新葡京酒店所在地。新葡京酒店于2008年12月17日开幕，成为继澳门旅游塔后第二高的建筑物，亦是在澳门首家打造"七星级"的五星级酒店。在新葡京酒店正门马路对面即是著名的葡京酒店，她是1970年代澳门的标志性建筑。从葡京酒店向东步行10分钟，就可以到达老牌博彩企业金沙城，新口岸这一带是澳门大型博彩场所的集中地。而与新口岸隔海相望的澳门路氹区，短短十几年间拔地而起了威尼斯人、巴黎人、伦敦人、葡京人、永利皇宫等十家大型度假村。

  过去25年，博彩业在推动澳门经济发展和社会民生发挥了重要作用，已成为澳门经济第一支柱产业。数据显示，博彩税收占特区政府财政收入的比重高达七至八成，2008—2019年，澳门博彩毛收入在澳门GDP中占比均超过六成，2011年甚至高达91.07%。博彩业为澳门特区政府带来了稳定的财政收入，保证了政府财政支出、

2011年11月20日，威尼斯人度假村酒店内景。（图／王子瑞）

居民福利保障及社会秩序的稳定。

博彩业不仅带动了整个经济的发展，也为澳门的基础设施建设和社会公益事业提供充足的建设和营运资金。比如教育方面，从2007年开始澳门已经实现了从幼儿园到高中15年免费教育体系，同时，特区政府对青年人继续教育和创业也给予了大力扶持。医疗方面，基本实现了初级医疗的免费医疗。医院的建设、卫生基础设施的建设，以及公务员的医疗服务都走在了世界的前列。

澳门积极推进公共房屋建设问题，5.1万套公共房屋保障了中低收入人群安居需求，基本解决了居民居住问题。从2008年开始澳门特区政府还推出了现金分享计划，使得广大澳门居民能够分享澳门经济发展的成果，直接给居民发放现金。现在65岁

以上老年人每个月可以从特区政府领到现金有6990澳门元。经济上的巨大成就给澳门人民带来了实实在在的获得感。

  然而，基于博彩业本身背负充满訾议的道德属性，澳门"一业独大"的经济产业结构亟需变革。为此，澳门特区政府提出适度多元发展策略，依法加强对博彩业的管理，推进横琴粤澳深度合作区建设，以旅游休闲为核心，同时推动大健康、现代金融、高新技术等产业的发展。

  经过多方努力调整，2023年，澳门博彩业仅占本地GDP的36.2%，未来10年，非博彩元素将形成澳门经济发展的另一个板块，澳门渴望摆脱"赌城"的形象。经济多元化发展的澳门，无疑将更为迷人。

澳门影像志
Macao Images

澳门关闸

| 文·吴健 |

1978年的关闸（图／李超宏）

第二章
澳门图片故事

澳门地形酷似三节莲藕,"藕节"是连接澳门半岛和氹仔、路环两小岛的跨海拱桥和长堤,而北部拔地而起一朵天生地育的"莲花"——莲花山(又名莲峰山)。

澳门自古以来为中国领土。在新石器时代,中华民族的祖先已在澳门一带劳动、生息。秦始皇一统中国之时(公元前3世纪晚期),澳门被正式纳入中国版图,属南海郡番禺县地。1553年,葡萄牙人通过贿赂广东地方官吏,获准在澳门码头停靠船舶进行贸易,后逐渐聚居澳门。

1574年,明朝政府为了有效控制澳门,在澳门半岛通往大陆的咽喉——莲花山下的莲花茎"建闸设官",这座城楼式关闸最初叫"粮卡",每月开启两次,后增为五天一次,向居澳葡人提供食物及生活用品,对方若有不法,则可封闸断粮。考虑到当年葡人从澳返葡至少需半年时间,此举可谓"不血刃而致其死命",而关闸的本质则是"卡"非"界",澳门主权依然归我。

明清两代在澳门设官府,中外居民皆受管辖。1783年葡萄牙颁布《王室制诰》,明确葡澳议事局服从中国官府管辖,葡人选举产生的议事局民政长官都要挂上清朝官衔"督理濠镜澳事务西洋理事官"。在澳外国人士曾评论,澳门真正的长官,并非葡澳总督等人,而是中国县丞。

1839年9月2日,钦差大臣林则徐就是从关闸进入澳门

179

1902年11月28日，澳门与广东之间的关闸，往来人群不断。（图／美国国会图书馆）

视察禁烟，肃清毒源。美国传教士在广州办的《中国丛报》记载，一队扛旗的清兵在林则徐乘坐的八抬大轿前开路，轿旁有一队葡萄牙仪仗兵，林则徐详察夷人居住地，查看有无"存贮烟土情事"。他成为中国近代史上闪耀着国威之光，代表主权和尊严走入澳门的第一名人。

第二章
澳门图片故事

1949年6月27日，关闸来往的人。（图/Jack Birns）

然而1840年鸦片战争暴露出清政府的腐败无能，葡萄牙殖民当局蠢蠢欲动，开始了积极对外扩张。1848年3月13日，澳葡总督亚马留驱逐关闸内的中国海关行台，砍倒门口大旗旗杆，炸掉周围村民祖坟，以建炮台。沈志亮等七位中国农民激于民族义愤，于1849年8月29日将其斩于关闸外，悬其首于村口大树，以祭祖先。清政府竟将沈志亮等"正法"，以求和局，但葡方不依不饶，士官米士基打指挥葡军占领关闸炮台，进而攻入拱北（今属珠海）。清政府腐败无能，澳葡当局愈发猖狂，不仅在19世纪下半叶强占整个澳门半岛，以及氹仔、路环两岛，更在1874年强拆逾三百年历史的关闸，改以淡黄色欧式牌楼，至此澳门之"门"的开合之权旁落外人，

1999年12月20日，中华人民共和国国旗和澳门特别行政区区旗在澳门与珠海拱北之间的关闸升起。（图／毛建军／CNSphoto）

把美丽的"莲花宝地"澳门和生养它的祖国母亲生生隔开。

1949年新中国成立，关闸的命运有了巨大的变化。1974年，结束法西斯统治的葡萄牙政府正式承认澳门是葡萄牙管治下的中国领土，并与中国政府达成1999年澳门回归的约定。1999年12月20日12时，停留在海关管理线珠海一侧的中国人民解放军驻澳门部队出发，编号000的军用吉普车载着三名礼兵，护卫鲜艳的八一军旗率先开过关闸，10辆国产新型92式装甲车紧随其后，早已列队迎候的澳门警察全体肃

2007年7月11日，澳门拱北出入境夜景。（图／黄明辉）

立敬礼，澳门群众更是跃起欢快的舞狮，无数面五星红旗挥舞起来。一位在现场接受外国记者采访的澳门市民大声说："这是在澳门第一次看到解放军，我心情特别激动——这就是我们的军队，我们自己的军队进澳门来了！"

回归二十五年的澳门，与内地的联系越来越紧密。直至20世纪80年代，关闸仍是澳门通往内地的唯一陆路通道。回归祖国后，大量内地游客到访澳门，1999年，澳门各口岸的通关总量为3691万人次。随着2003年7月内地游客赴港澳"个人游"启动，2007年澳门各口岸通关总量首次突破1亿人次。2010年4月，澳门关闸边检大楼扩建完成，设有96条人工验证通道，90条自助过关通道和18条车道，通关更为便利。2023年，拱北口岸全年通关客流突破1亿人次，连续11年成为全国客流量最大陆路口岸。

澳门关闸，是从不缺席的见证者，也是参与者。

澳门影像志
Macao Images

澳门国庆牌楼

| 文·黄艾禾 |

1953年，首次选在议事亭前地搭建的"天安门"牌楼。（图／澳门美术协会提供）

第二章
澳门图片故事

澳门美术协会收藏的国庆牌楼手稿（图／澳门美术协会提供）

1949年10月1日，毛泽东主席在北京天安门城楼上宣布"中华人民共和国中央人民政府成立"的消息传到澳门的时候，澳门的爱国同胞们沸腾了。在澳门新马路、濠江中学等处，以及各区不少机构，都升起了五星红旗。当时，与澳门相邻的广东省尚未解放。然而这时的澳门，拥护共产党新中国的力量不断壮大，人们纷纷以实际行动迎接新中国。

到1949年11月20日，广州与中山已经陆续解放，澳门同胞在这一天公开举行了"庆祝中华人民共和国诞生、中央人民政府成立、广州解放暨人民政府成立"大型庆典活动。庆典在平安戏院举行，人们在平安戏院前搭盖了庆祝牌楼，这是澳门首座庆祝中华人民共和国成立的牌楼。这座简陋的三层牌楼上，悬

搭棚是搭建牌楼的第一步。（图／澳门美术协会提供）

挂着毛主席、朱德总司令的巨像及五星红旗，牌楼上"侨胞团结万岁""出钱出力慰劳人民解放军""支持人民解放战争把革命进行到底，四大阶级联合实行人民民主专政"的巨大标语突出了庆典主题。

1950年，澳门同胞们共搭建了20多座国庆牌楼。这些牌楼都是在广州订制的，其中一座由广州陈祥记棚厂制作的大型中式牌楼最为精致，将中国传统的亭台楼阁、塔楼风格融为一体，工艺精湛，艺术性强，令人回味无穷。1952年以后，国庆筹委会从成本考虑，一方面减少牌楼数量，每年只盖五座；另一方面，想方设法筹组澳门人自己的牌楼设计与制作队伍。在20世纪五六十年代，澳门的政治环境比较复杂，一些名气比较大的美术工作者有顾虑不愿参加国庆牌楼的工作，于是一群对新中国充满无限热情的澳门普通美术工作者、棚工、电工、泥水工、油漆工被组织起来，承担

第二章
澳门图片故事

1951年，陆曦（前）及廖文畅为国庆牌楼绘图。（图／澳门美术协会提供）

起设计、制作牌楼的任务。他们每年在夏日炎炎的酷暑下工作两三个月，因为工期短，工作量大，不但常常通宵达旦地工作，而且这份工作还是义务的。就这样，他们整整坚持了20年。

最难忘的还是在1965年国庆节前夕，已忙碌了两个多月的牌楼工作组看着一座座精美的牌楼大功告成，矗立在新马路、国际酒店、司打口等地，刚松了一口气。没想到一座巨型的牌楼意外遭到台风"爱娜斯"狂风暴雨的吹打，塌了。此时距国庆节牌楼亮灯仪式不足两天，雨还在下个不停；澳门的国民党势力还煽风点火，在一

187

1955年，位于国际酒店旁的"第一个五年计划"牌楼的上层部分。（图／澳门美术协会提供）

1966年，位于司打口的工业建设牌楼的上层部分，牌楼左侧有"实践论"，右侧有"矛盾论"。（图／澳门美术协会提供）

第二章
澳门图片故事

1972年,位于南湾工人球场的庆祝国庆园游会。(图/澳门美术协会提供)

旁看笑话。面对这样的特殊境况,牌楼组的负责人表示,一定要重搭这座牌楼。当天下午三点半后,木工、美工们马不停蹄地赶制木架与绘制图景,原有的人手不够,木艺工会派出工友前往支持。这一夜,场内场外均无眠,棚工在风雨中坚持作业,美工与木工将图景重新绘制出来,29日凌晨木工开始将图景安装,电工开始安装灯饰。当夜幕降临时,五座国庆牌楼一同璀璨亮相,映亮了澳门的夜空。这一群澳门爱国者们,一直将制作国庆牌楼的活动坚持到1970年。整整20年,他们不但给澳门人留下了难忘的爱国记忆,也留下了一代人彼此间深厚的友谊。

(鸣谢澳门美术协会会长陆曦提供图片)

澳门影像志
Macao Images

澳门格林披治大赛车

|文·黄艾|

1954年，澳门首届格林披治大赛车在新口岸排位情况。（图／李玉田）

第二章
澳门图片故事

说到"格林披治"这个名称，它来源于法国最早期的赛车运动"格林披治大奖赛（Grand Prix）"，最早可追溯至1894年。澳门格林披治大赛车，是一项古老的街道车赛，也是世界上唯一同时举办汽车比赛和摩托车比赛的街道赛事，它的第一届赛事举行于1954年10月30—31日。1954年，澳门的几位赛车发烧友自行组织了一场俱乐部赛事。这场比赛在东望洋跑道上进行，跑道全长只有6.2公里，却要穿行现有的闹市街道，以多弯、狭窄闻名于世。比赛历时4个小时，共有15名车手角逐51圈，当时的最快纪录是一圈4分12秒。虽然赛后的一份报告提出："赛道的情况差强人意，满是尘埃和沙石"，但却吸引了两万名观众到场观看，人们的兴趣一下子被激发出来，比赛从此一年一年地举办下去，通常于每年11月第三个星期四至星期日在市区内东望洋跑道进行。

1955年，大赛组织者将粗糙的跑道路面改成了柏油路面。随后，1956年，能容纳300多人、设有10个维修站的混凝土大看台落成启用。1957年，大赛又加入了女子组和新手组级别的比赛。

全长6.2公里的东望洋跑道曲折起伏，有上下斜坡、弯角、直路，跑道弯角多，赛道两侧又有灯柱、树木、山崖和水泥墙等，极具危险性和刺激性，被公认为世界上对赛车手有极高要求的赛道之一。格林披治的葡京弯是一个典型的"死

1958年,澳门格林披治大赛车的起步点。(图／澳门历史档案馆)

1970年11月20日,澳门格林披治大赛车的电单车(摩托车)大赛同样精彩。(图／CHAN KIU／South China Morning Post／Getty Images／VCG)

第二章
澳门图片故事

1990年11月23日,澳门格林披治大赛车的赛车女郎火辣夺目。(图/Paul Lakatos/South China Morning Post/Getty Images/VCG)

亡弯道",在经过一个大直道之后突然向右转90°直角弯,在这里赛车的车速将超过260千米/小时,任何微小的失误,都会造成严重的后果。有亲历者形容:"赛道由澳门街道组成,赛车就在你的头顶上方飞驰而过,然后听到尖锐的刹车嘶鸣,轰—轰—轰,降挡补油,出弯,油门深度逐渐加大,发动机的嘶吼,回荡在澳门林立的高楼和东望洋山的山脊之间。"

这项赛事的安全事故不断。1974年,一名车手在练习时车发生爆胎,赛车撞上海堤,在被雨水浸透的赛道上旋转后,撞上了人群,其中一名8岁儿童后来因伤势过重死亡,5名儿童被送往医院接受治疗。

即使事故频发,也阻挡不了人们对澳门格林披治大赛车的狂热。在世界的很多地方,尤其在亚洲地区,车手们以登上东望洋赛道为一年的终极目标。因为这是最

2021年4月2日，澳门大赛车博物馆完成扩建工程后首次开放予公众参观，馆内大赛车展品及多媒体互动设备等项目深受观众欢迎。扩建后的大赛车博物馆楼高4层，按不同赛事分展览区和体验区。图为公众体验多媒体互动游戏设备。（图／钟欣／CNSphoto）

具挑战性、历史性、互动性的街道赛道之一。"坐在赛车里面，看着赛道两旁的主观众席，我的双手兴奋得发抖。争抢着杀进葡京弯、冲上嘉斯栏，在产房弯贴墙飞驰，这种感觉，你跑多少年CTCC（中国房车锦标赛）都不可能经历到。"有赛车手这样感叹。

如今，澳门格林披治大赛车的比赛项目除著名的三级方程式外，还设有房车赛、摩托车赛等，也曾举办怀旧的老爷车赛及自动挡摩托车赛，以增加赛事的娱乐性，被公认为世界上最佳的街道赛事，曾被选为"十项最精彩的街道赛事"和"不能错过的二十项顶级赛车活动"。

因为澳门格林披治大赛车是街道赛，所以每年赛事举行前后需要封闭数十条公

第二章
澳门图片故事

2023年11月11日，第70届澳门格林披治大赛车正式开始首日5场赛事，包括："澳门四级方程式大赛""TCR亚洲挑战赛""大湾区GT杯（GT4）""大湾区GT杯（GT3）"以及"澳门路车挑战杯"。图为大批车手准备比赛。（图／李志华／CNSphoto）

共街道以便赛事进行，澳门近半的公共巴士路线需要更改行驶路程，乘客需要改乘特别免费接驳巴士路线或步行到公共巴士转乘区转乘原有路线。有人提出举办这样的大赛是不是太过扰民。但是，澳门的的士司机、餐馆、酒店，在大赛车期间生意都相当火爆，酒店价格翻四番都是良心价了，赛车带动旅游业的这个循环圈运作得非常好。因此无论是特区政府还是澳门市民，大家对观赏大赛车的热情都与年俱增。

1993年11月，澳门政府为庆祝澳门格林披治大赛四十周年而兴建的澳门大赛车博物馆正式落成，系统介绍大赛车的发展历程、赛道模型以及为大赛车作出贡献的人士和车手。2021年6月1日，澳门大赛车博物馆完成扩建工程后正式揭幕，为市民和游客带来全新的旅游"打卡点"。

澳门影像志
Macao Images

澳门镜湖医院

|文·吴健|

1871年（同治十年），镜湖医院的正门。（图／澳门镜湖医院慈善会）

第二章
澳门图片故事

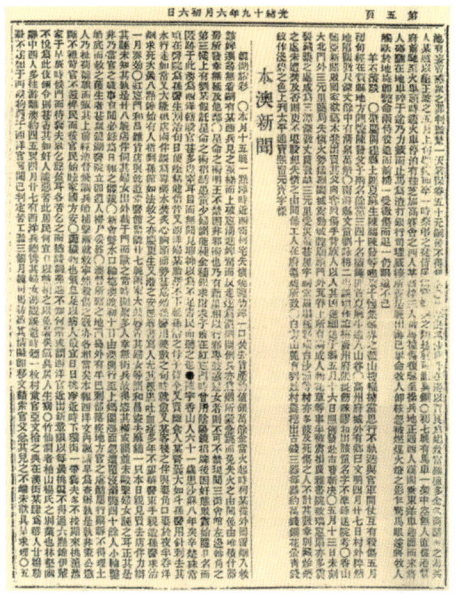

1893年7月18日,《镜海业报》中文版创刊号,其中《本澳新闻》的镜湖耀彩栏目中,刊载有关孙中山医术的介绍。(图／佚名)

"一脉分来莲岛秀,万柱移到杏林春。"始创于1871年的镜湖医院,是镜湖医院慈善会下属的一间非营利综合医院,也是澳门历史最悠久的私立医院。经过百余年的发展,镜湖医院已成为澳

1933年，镜湖医院成立六十周年庆典，历任中西医生合照。（图／澳门镜湖医院慈善会）

门社会医疗保障服务的主要提供者之一。更让后人铭记的是，该院也是澳门人认同祖国、追求光明的光荣之地。

"镜湖医院"本是澳门缙绅开设的施诊给药的慈善机构，最初只有中医，但当1892年来了一位叫孙中山的青年后，一切从此改变。时年27岁的孙中山从香港西医书院毕业，得到巨绅吴节薇担保，借款两千元，创设澳门中西药局，并到镜湖医院担任义务医生，成为镜湖医院第一位西医，也是澳门第一位华人西医。他医术高超，还为清寒贫困的病人免除药费，因此求诊患者纷至沓来，结果遭受葡籍医生妒忌。他们说孙中山没有在葡澳当局取得医师护照，不得行医，逼迫他离澳赴穗。尽管孙中山在澳行医时间很短，但他带来了更多元的医学知识和治疗手段。更重要的是，孙中山在澳门并不只是行医，而是来宣传革命、改天换地的。孙中山提倡"勿

抗战期间，大批难民儿童来到澳门，镜湖医院设立难童教养所，收留流离失所的儿童。（图／澳门镜湖医院慈善会）

1938年，镜湖医院组织的澳门中国青年救护团，在抗战时奔赴内地救死扶伤。（图／澳门镜湖医院慈善会）

1949年10月10日，柯麟院长在镜湖医院庆祝新中国成立大会上讲话。（图／澳门镜湖医院慈善会）

敬朝廷"，尊洪秀全为"反清第一英雄"，在澳门报纸上发表致清朝廷的公开信，要求"效法西方，进行社会革命"。在澳门，孙中山开启了自己的革命生涯，证明自己不只是医治人身体疾病的医生，更是医国的先驱。他唤醒民众，最终推翻中国两千多年的帝制，"上医医国"，孙中山就是很好的榜样。

自孙中山之后，镜湖医院开启了与中国革命的不解之缘。从20世纪30年代开始，一代名医、中共党员柯麟历任镜湖医院院长及镜湖医院慈善会副主席、名誉主席，镜湖医院也逐渐成为救治革命同志的基地。"高悬义壶济贫苦，为国为民献终

1950年6月25日，镜湖医院慈善会在莲峰球场举行"游艺筹款大会"，得到各方支持，粤剧红伶白雪仙、黄千岁合唱"镜湖方便救苍生"。（图／澳门镜湖医院慈善会）

身。"在长期革命斗争中，柯麟一次次出色完成党交付的任务，保护了许多干部和革命群众。他以高尚的医德和精湛的医术，广交朋友，团结各界人士，扩大了爱国统一战线，深受港澳同胞的尊重和爱戴。1949年新中国成立，镜湖医院第一个在澳门挂起毛主席像，第一个开庆祝联欢会。同年10月，解放军进入广东，一支剿匪部队所乘木船被敌人击中，几十名战士被澳门海上巡逻艇救上岸，送往镜湖医院。在澳门第一次见到解放军，全院上下又惊又喜，热情款待战士，伤员受到精心治疗。战士归队时，镜湖医院组织慰问团，敲锣打鼓把战士送回中山县（今珠海市）。1999年12月20日，澳门回归祖国，澳门特别行政区正式成立。而这一天的0时15分，澳门特区首名婴儿就在镜湖医院出世。

澳门回归后，镜湖医院进入事业发展的快车道，与大陆的医学人才交流、业务合

1978年10月6日,镜湖医院新门诊留医大楼落成典礼。(图／澳门镜湖医院慈善会)

作也越发紧密。据统计,目前包括镜湖医院在内的澳门医疗机构约一半执业医生是内地大学校友,七成医生由内地医学院校培养,他们中间不乏澳门卫生局局长、医院院长等领导者。

如今,澳门拥有健全的基层医疗网络,社区医院覆盖到各个街区,镜湖医院作为澳门现存的三家医院之一,一直深受市民信赖,2021年获授予金莲花荣誉勋章。

(本文的老照片,图源于廖泽云主编的《镜湖荟萃图片集》;著作财产权人:澳门镜湖医院慈善会;鸣谢:"澳门记忆"文史网)

第二章
澳门图片故事

2024年8月24日，镜湖医院门前的孙中山雕像。为纪念孙中山先生，镜湖慈善会每年邀请社会各界人士，在铜像前集会献花，缅怀先哲。（图／黄明辉）

澳门影像志
Macao Images

澳门历史城区

|文·一方|

澳门历史城区鸟瞰图（图／陈显耀／CNSphoto）

第二章
澳门图片故事

提到澳门，许多人的脑海中会浮现"东方拉斯维加斯"的盛景。的确，澳门是世界四大赌城之一、世界旅游休闲中心与国际自由港，独具特色的娱乐场、旅游业、酒店业和轻工业是澳门繁荣富庶的秘诀。除此之外，澳门还是一座底蕴深厚的历史文化名城，四百多年间的中西合璧、古今荟萃，造就了今日的澳门。丰厚的文化遗产、奇崛的历史遗迹，无不述说着老城的过往，见证着都市的变迁。

来到澳门，第一站必去 2005 年被列入《世界遗产名录》的"澳门历史城区"。澳门历史城区以澳门旧城为中心，串联起逾 20 个历史建筑。历史城区的范围东起东望洋山，西至新马路靠内港码头，南起妈阁山，北至白鸽巢公园。该城区建筑群建成时间从明朝至民国，历史跨度达 400 多年。它是中国境内现存最古老、规模最大、保存最完整的中西特色建筑共存的历史城区。

澳门自古就有"莲花福地"的称谓。从高空鸟瞰，澳门历史城区宛如一片婀娜的莲瓣，"莲瓣"的一端面朝大海，背山沿崖筑就的是澳门最古久的庙宇——妈阁庙。相传五百多年前，有福建商人在海上遭遇了风暴，幸得妈祖显灵相救，方才转危为安。商人发迹后，遂出资建起这座妈阁庙。今天的妈阁庙是善男信女和八方来客的必至之处，庙宇终日香火鼎盛。

在"莲瓣"的另一端，东望洋灯塔屹立在澳门半岛的最高峰——东望洋山之巅。东望洋灯塔是中国海岸第一座现代灯塔，建于 1865 年，由澳门土生葡人加路士·维森特·罗扎设计，属于东望洋炮台的一部分。其所在地面位置之坐标值亦为澳门于世界地图上之地理定位。时至今日，这座一百五十九岁高龄的灯塔，基本保持着最初的样貌，依旧发挥着航海指示的功能。平日里，游客只能在塔外游览参观，若有

澳门影像志
Macao Images

东望洋灯塔建于1865年，位于澳门东望洋山山顶。（图／陈显耀／CNSphoto）

幸赶上开放日，则可进入塔腹，攀着仅一人宽的旋梯登至塔顶。在平台眺望，满城景致，尽收眼底。

细数澳门历史城区这片"莲瓣"所承载的世界遗产，它们包括：妈阁庙、港务局大楼、郑家大屋、圣老楞佐教堂、圣若瑟修院大楼及圣堂、岗顶剧院、何东图书馆、圣奥斯定教堂、民政总署大楼、三街会馆（关帝庙）、仁慈堂大楼、主教座堂、卢家大屋、玫瑰堂、大三巴牌坊、哪吒庙、旧城墙遗址、大炮台、圣安多尼教堂、东方基金会会址、基督教坟场、东望洋炮台（含东望洋灯塔及圣母雪地殿圣堂）等二十余处历史建筑，以及同分散建筑紧密相连的妈阁庙前地、亚婆井前地、岗顶前地、议事亭前地、板樟堂前地、耶稣会纪念广场、白鸽巢前地等七个广场空间。

郑家大屋处处体现中西结合之特色。中式建筑手法主要表现于屋顶、梁架结构、内院中多样的窗户，还有趟栊门等；而受西方影响的则是一些室内天花的处理，门楣窗楣的式样、檐口线，以及外墙之抹灰。

卢家大屋位于大堂巷七号住宅，是澳门著名商人卢华绍（卢九）家族的旧居，约建成于清光绪十五年（1889年），厚青砖建造的中式两层建筑，是晚清时期粤中民居温婉纤细建筑风格的典型。

岗顶剧院原称伯多禄五世剧院，建于1860年，但当时只建成主体部分，至1873年才加建具有新古典主义建筑特色的正立面。它是中国第一所西式剧院，供戏剧及音乐会演出之用，也是当年葡人社群举行重要活动的场所。

何东图书馆大楼建于1894年以前，原主人为官也夫人（D.Carolina Cunha）。香港富商何东爵士于1918年购入该大楼，作为夏天来澳门消暑的别墅。何东逝世后，其后人根据他的生前遗嘱，将大楼赠予澳门政府用作开设公共图书馆。1958年，图书馆正式对外开放。

玫瑰堂由圣多明我会（道明会）创建于1587年，是该会在中国的第一所教堂。教堂初时用木板搭建，华人称之为"板樟庙"。又因教堂供奉玫瑰圣母，故又称"玫瑰堂"。整座教堂建筑富丽堂皇，其巴洛克建筑风格的祭坛更是典雅精致。教堂旁的"圣物宝库"收藏了三百多件澳门天主教珍贵文物。

澳门的主教座堂，又称大堂或大庙，位于大堂前地1号，建成于1622年，以三合土建造，是天主教澳门教区主教堂。主祭坛空间深远，设计简单，仅仅以彩色玻璃窗为背景。祭坛下面掩埋着16世纪和17世纪的主教和圣徒遗骨，为教堂带来无限的荣光。开埠以来，澳门总督都习惯在主教座堂举行就职礼。

圣老楞佐堂创建于16世纪中叶，是澳门三大古教堂之一。目前的规模形成于1846年。华人称之为"风顺堂"，有祈求风调雨顺之意。教堂外观的特征是在欧洲古典式的基础上带有巴洛克风格。

信步走在葡式碎石铺就的小路上，仿佛徜徉于多元文化交融的"时空游廊"。澳门历史城区是如此神奇的存在：在葡国人的生活区亚婆井前地旁，坐落着中国近代著名思想家郑观应的故居（郑式大屋）；岗顶前地既有葡萄牙人昔日的大会堂（岗顶剧院），也有中国富绅何东的旧居（何东图书馆）；澳门华人最早的市集营地街市，与

郑家大屋（图／黄明辉）

卢家大屋（图／黄明辉）

第二章
澳门图片故事

岗顶剧院（图／陈显耀／CNSphoto）

何东图书馆大楼（图／黄明辉）

玫瑰堂（图／陈显耀／CNSphoto）

澳门绝美教堂玫瑰堂邻接；中国富商旧居卢家大屋，则与天主教澳门教区主教堂（大堂）相对……而作为澳门标志性建筑的大三巴牌坊，更是文化交融的代表，大三巴牌坊是典型的西方巴洛克式建筑，但牌坊的装饰雕刻却有着明显的东方色彩。

人们会看到西式教堂贴着中式对联，圣诞树上挂满红灯笼，中国传统醒狮与葡萄牙土风舞"你方唱罢我登场"，元宵节、端午节、中秋节、复活节、圣诞节，节节热闹……四百多年来，澳门在多种文化互相尊重、互相影响的社会背景下，形成了独特的城市景观和丰富的文化遗产，可谓多元文化绘就了魅力澳门。交融与开放虽然造就了澳门的独特气质，但真正支配澳门人思维、观念的中庸尚和、忠孝礼义，依然来自中华文化，它才是支撑澳门文化的主流与基石。为确保澳门的文化遗产得以发扬光大，2014年澳门出台《文化遗产保护法》，设立专门基金、举办世遗开放日、开展历史片区活化重生计划。文化局每年均会于辖下多个世遗地点，举办不同类型的嘉年华、音乐会、讲座、培训、工作坊等活动，有效增加历史城区内城市开放公共空

主教座堂的彩色玻璃（图／陈显耀／CNSphoto）

圣老楞佐堂的彩色玻璃（图／陈显耀／CNSphoto）

间，促进小区文化设施的多样化，让澳门市民对世界遗产的认识和保护意识不断加强，澳门历史城区不断焕发新活力。

澳门历史城区，一座独一无二、永续共享的大型"露天博物馆"。

澳门影像志
Macao Images

澳门老字号

|文·黄艾禾|

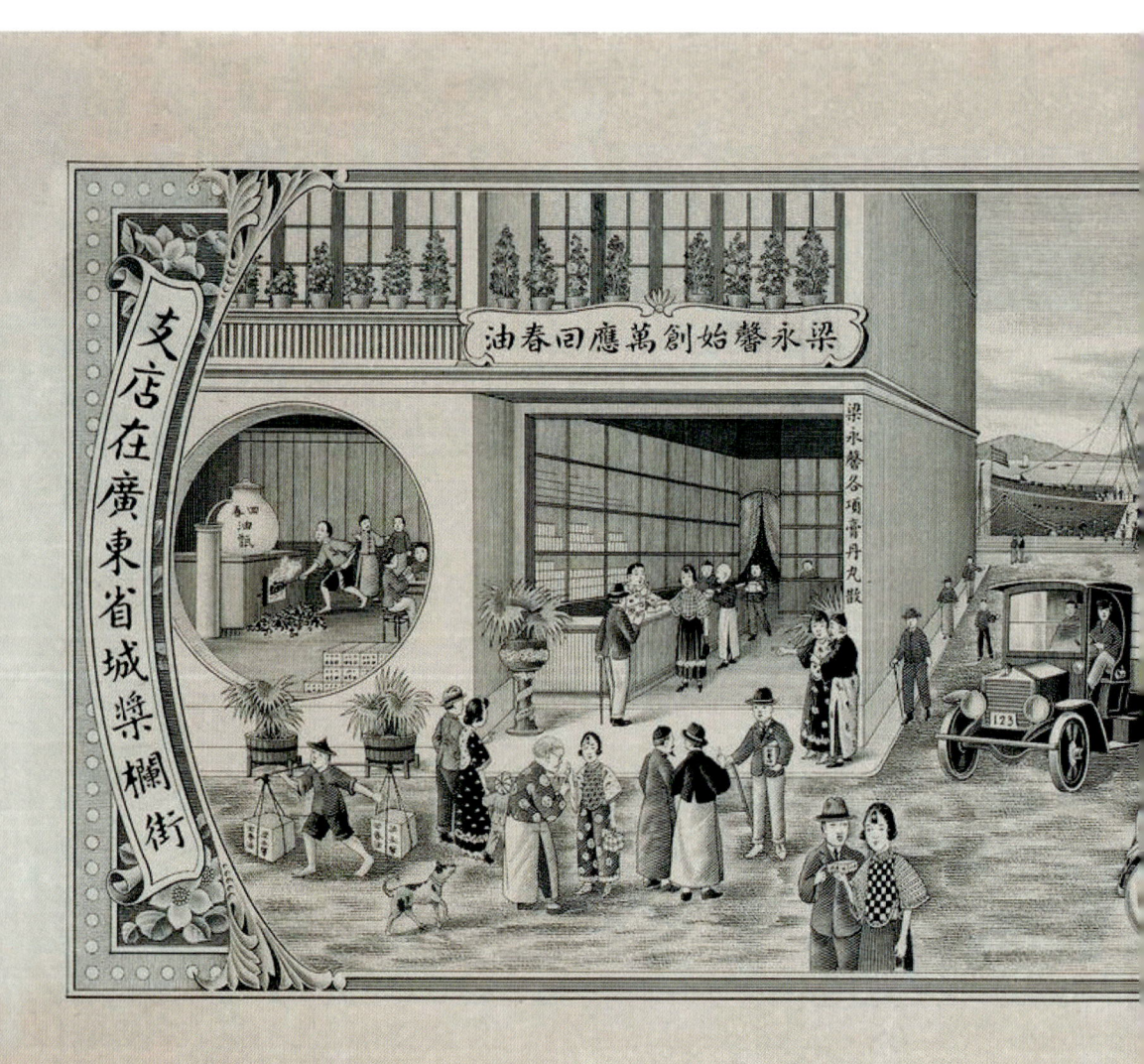

清代梁永馨香庄广告铜版画（图／佚名）

第二章
澳门图片故事

澳门是一个历史悠久的城市。数百年来的西风东渐,文化杂糅,造就了澳门老城区内的一批色彩斑斓、韵味绵长的老字号店铺。它们是澳门历史风味的鲜活见证。

"神香"是中国人敬神的必需品,在澳门,"神香"的制作工艺已有上百年历史,它与火柴、炮竹并称为澳门的三大手工业。澳门渔民烧香尤其多,神香业全盛时期,大小制香厂多达40多家,首推梁永馨、永吉馨、永常吉及陈联馨四家香厂。神香属手工制作行业,可分搓香、淋香和榨香三种制法。昔日澳门的制香厂多集中在沙梨头及田畔街一带的空旷土地上,以方便晒香。澳门的神香除供应本地,还远销到东南亚。到了20世纪80年代初,社会迅速发展、人民思想观念改变,神香制造业亦在澳门逐渐式微。

在澳门的十月初五日街,还能看到澳门的另一家著名老字号——英记茶庄。英记茶庄以出口普洱茶叶为主,它的前身是一家赌馆,店内仍保留一些当时赌馆的设计,创始人为劳鸿

2013年，英记茶庄。（图／黄明辉）

章先生，现交由第二代来继承。早在17世纪，澳门就已成为中国出口茶叶到西方国家的重要转口贸易港。中国生产的茶叶从这里转运往欧洲，以及美洲、亚洲各国。20世纪三四十年代是澳门茶庄发展的黄金期，茶叶需求极大，茶庄的来货主要是新鲜未经处理的茶叶，然后聘请师傅进行茶叶加工。这种盛况直到20世纪80年代才渐渐衰落。

1857年5月20日，葡人若瑟·博尔雅在水坑尾街25号开办了一家面包房。这可能是澳门首家出售葡式面包的店铺。第二次世界大战期间，澳门虽属非战区，但物资缺乏，百姓连饭也吃不上。当时的面包是需要配给的，俄国面包是澳葡政府指定的供应品。当时天一亮，面包供应站便会排起四条"长龙"，待葡人警官到来，随便指定一个"龙头"作为轮购面包的首队，通常必定会选有年轻貌美的小姑娘的队列。后来买面包的有经验者，也必定选有年轻貌美的小姑娘的队列，即使迟来也可

2019年5月21日,澳门著名的安德鲁饼店女主人Eileen Stow展示新出炉的葡挞。(图/ISAAC LAWRENCE/AFP/Getty Images/VCG)

先买上面包。

安德鲁饼店,是20世纪80年代由外籍饼师在路环开设的,它开创了澳门新一代著名土产"葡氏蛋挞"的时代。最早的葡式蛋挞来自英国人安德鲁·斯托,他在葡萄牙吃到里斯本一种传统点心后,决定在传统食谱上加进自己的创意,于是1989年在澳门路环岛开设安德鲁饼店,用猪油、面粉、水和鸡蛋,以及英国式的糕点做法,创作出广受欢迎的葡式蛋挞。

中国人在澳门开的饼店也异彩纷呈。当年在澳门中区的饼家,有龙凤饼家、英记饼家、显记饼家、咀香园饼家和远来饼家。除了嫁娶用的龙凤礼饼之外,平常的日子有光酥饼、皮蛋酥、合桃酥、豆沙蛋糕、杏仁饼之类应市,其实龙凤礼饼也夹杂着这类的饼饵。每到中秋,饼店门前就会搭建生动别致的广告牌楼,争妍斗丽,澳

晃记饼家（图／陈显耀／CNSphoto）

门的居民都会涌到中区新马路，一睹五光十色的中秋月饼广告牌楼，盛极一时。

晃记饼家位于离岛氹仔大桥。以创始人高晃先生的名字命名，其前身是茶楼，于1902年已经营运，后因茶楼生意不佳而结束茶市，专心经营饼店生意，至今已有一百多年历史。其镇店之宝是鸡仔饼。提起"鸡仔饼"三个字，广东人几乎无人不识。除了鸡仔饼，还有老婆饼、甘桃酥、合桃酥等。今天的唐饼，多经改良，迎合现代人的需求。饼形细小，正合了一句话："细细个，容易食。"

球记洋服位于大三巴附近，于1973年开业。店主球叔从1962年入行当裁缝，从最低的裁缝车、装纽和拿针做起，一针一线，一人一凳做了几十年。在生意最好的年头，像球记这样的小型店铺，半个月可以接到四十多套西服的订单。球叔有把木质的量身尺，上面刻着他初次入行当裁缝的年份。巴素打尔古街7号有一家"荣牲"油店，1902开业后一直营业到现在，店铺负责人为曾溥洲先生。店里墙上的相

第二章
澳门图片故事

球记洋服的店主球叔（图／黄明辉）

框裱起的都是奖状，其中一张是1934年巴拿马万国博览会银奖，是首次澳门出产的产品获得此奖项。

　　让一代澳门人念念不忘的，还有当年遍布大街小巷的"士多店"。士多，是贩卖各式零食、饮料、家居用品的小型杂货店，盛行于二十世纪中晚期，曾遍布粤港澳城市中的大街小巷，也是澳门人生活不可或缺的一部分。这些商店有些类似今天的便利店，卖日用百货、饮品熟食，方便着众多街坊，促进着一众邻里的情感互动。一位当年的士多店店主回忆说："当时一天到晚都是做个不停的。尤其是下午放学的时候，店里窄窄的走道有大半个小时都是站满人的，附近圣玫瑰学校、利玛窦中学（圣洁中学）、教业中学、同善堂中学的学生们都很喜欢前来利丰便利店'打趸'（指经常到某处与他人聊天），经常与我'鸡啄唔断'（形容人一直在说话或聊天），分享校园生活中的所见所闻。在受到小孩子喜爱的同时，我亦见证着一批又一批的小孩子长大成人。"

2012年,嘉丰士多店。(图/黄明辉)

2006年,位于巴素打尔古街7号的"荣牲"油店,墙上的相框裱着的都是奖状。(图/陈显耀/CNSphoto)

每一家"老字号"的背后，都有鲜明的文化底蕴，融传统商品、技艺和服务为一体。目前，澳门的传统士多、百年老店逐渐被超市、便利店等一站式购物点所代替，但总有人在繁华浮世中坚守传统，坚守着百年的店铺，坚守着百年的手艺，坚守着百年的口味，坚守着澳门人那一份朴素亲切的街坊情谊。

2019年，澳门经济局开展"澳门特色老店"品牌重塑扶助计划，希冀加强老店知识产权保护意识和措施，将"澳门特色老店"打造成澳门的新名片。日用而不觉，日新而月异，老字号焕发新风采，澳门世界旅游休闲中心的招牌将更加闪亮。

澳门影像志
Macao Images

2017年10月10日,夕照中澳门景色迷人。(图/VCG)

第二章
澳门图片故事

CHAPTER THREE

第三章

澳门文献辑录

MACAO SELECTED ARCHIVES

注：本辑图片均属资料图片

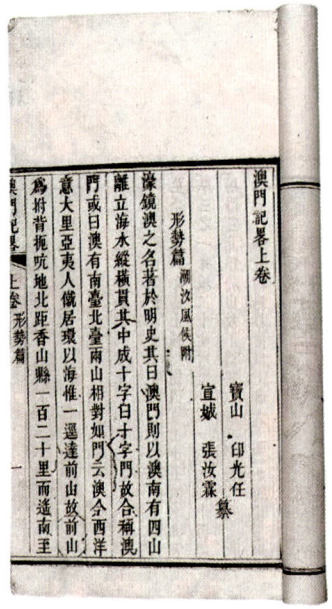

1751年,《澳门记略》,清·印光任、张汝霖著,乾隆西阪草堂刻本。

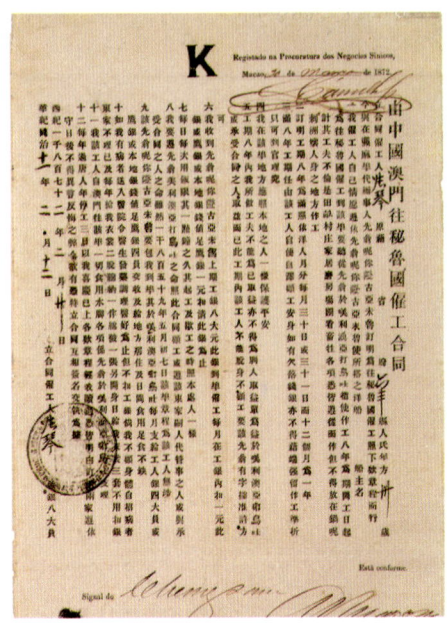

1872年,由中国澳门往秘鲁国的雇工合同。

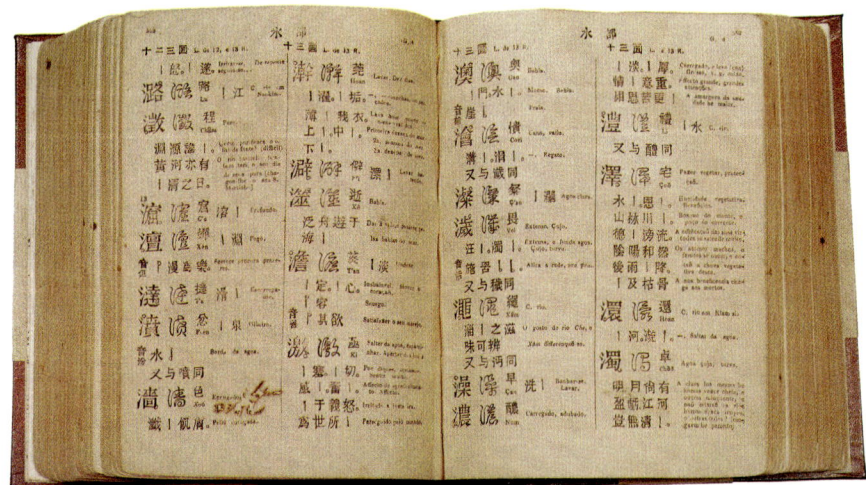

1833年,《汉洋合字汇》,作者是江沙维(Joaquim Afonso Goncalves)神父,著名的葡萄牙汉学家。最早的葡汉双语字典是出现于16世纪末的《葡华字典》,由耶稣会士罗明坚(Michele Ruggieri)编写。

盛世危言初刊自序

一統之端倪也議擬作庸書內外篇博考旁徵發明此義薄書勘假卒卒未果陶齋觀察資兼人之稟負經世之才綜貫中西權量今古所著危言八卷淹雅翔實先得我心世有此書而余亦可以無作矣乃今聖明在上宏攬羣才異日假以斧柯敦煌中外坐而言者起而行焉如良醫之治疾方之古人抑何多讓第其間有本末先後之序不疑者當別有在願與觀察大令沈幾審變及天下有心人共證之爾癸巳七月瑞金陳熾敍

中庸曰君子而時中孟子曰孔子聖之時者也時之義大矣哉易窮則變變則通通則久雖有智慧不如乘勢雖有鎡基不如待時故中也者聖人之所以不遺也法天象地成始而成終也時也者聖人之所用也所謂變易者聖之權也無體何以立無用何以行無經何以安常無權何以應變六十年來萬國通商中外汲汲然言維新言守舊言洋務言海防或是古而非今或逐末而忘本求其洞見本原深明大略者有幾人哉孫子曰知己知彼百戰百勝此言雖小可以喻大應雖不敏劬嶽書史長貫遊歷彼族之要求惜

中朝之失策於是學西文涉重洋日與彼都人士交接察其習尚訪其政教考其風俗利病得失盛衰之由乃知其治亂之源富強之本不盡在船堅礮利而在議院上下同心教養得法與學校廣書院重技藝別其培才使人盡其才講農學利水道化瘠土為良田使器盡其利造鐵路設電線薄稅歛保商務使物暢其流凡司其事者必素精其事為文官者必出自仕學院為武官者必出自武學堂有升遷而無更調各擅所長名副其實與我國取士之法不同善夫張靖達公云西人立國具有本末雖禮樂教化遜於中華然其馴致富強亦具有體用育才於學堂論政於議院君民一體上下同心務實而戒虛謀定而後動此其體也輪船火礮洋槍水雷鐵路電綫此其用也中國遺其體而求其用無論鏟躅步趨常不相及就令鐵艦成行鐵路四達果足恃歟然我國深仁厚澤初定制度盡善盡美不知今日海禁大開勢同列國風氣一變以至於此易曰先天而天弗違後天而奉天時知進退存亡而不失其正者其惟聖人乎年來當道講求洋務亦嘗造槍礮設電綫建鐵路開礦藏布以起而應之奕惟所用機器所聘工師皆來自外洋上下因循不知通變德相卑士麥謂我國只知選購船礮不重藝學不興商務尚未知變法自強之本非虛言也彼西人之久居於中國者亦曾著書外旁觀變法自強等書日本人論中美關繫續論四大政七國新學備要自西徂東等書日本人論中外交涉

1892年，郑观应《盛世危言》之初刊自序。郑观应（1842—1922年），广东香山（今中山市）人，近代著名的维新思想家、实业家，在澳门撰成《盛世危言》。

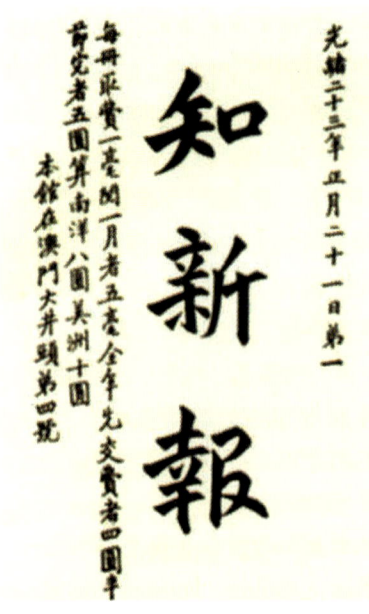

1897年2月22日（光绪二十三年正月二十一日），《知新报》创刊，为澳门第二份中文报纸，是康有为、梁启超维新变法时期销途甚广、影响深远的报纸。

1920年，兴记酒店的广告。

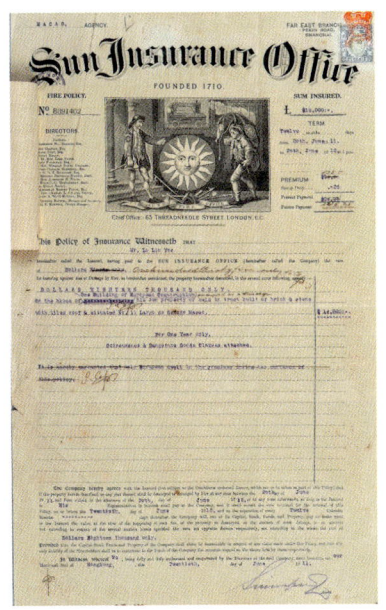
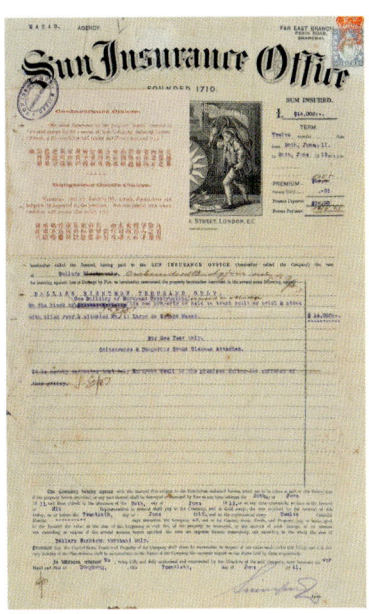

1911年,英国阳光保险公司保险单。(投保人是澳门著名商人、南洋烟草公司大股东卢廉若)

1912年3月27日的《澳门宪报》。国民政府成立后,很快便得到当时澳葡政府的承认,并在宪报上采用民国年号。

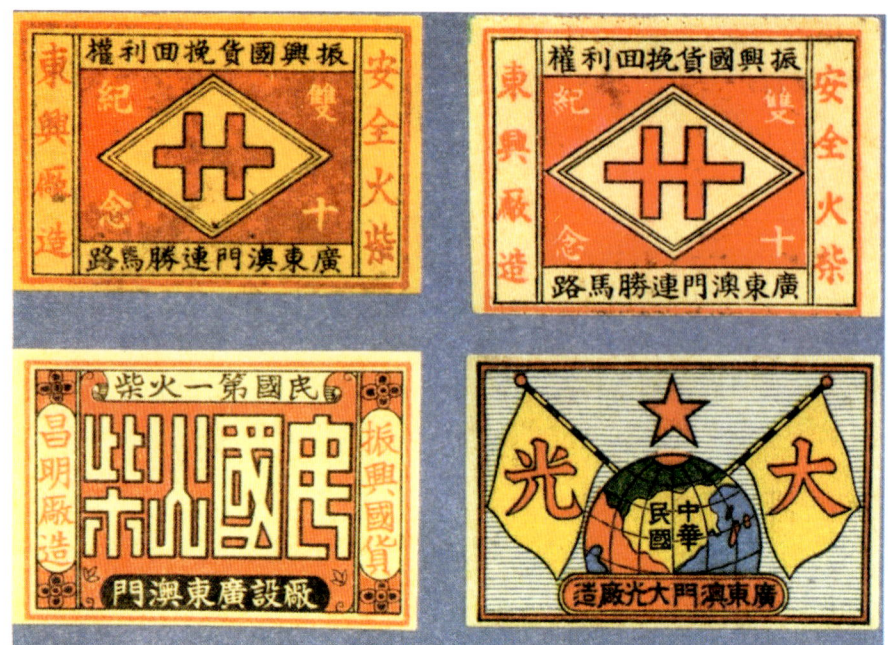

民国时期,澳门火柴招纸。

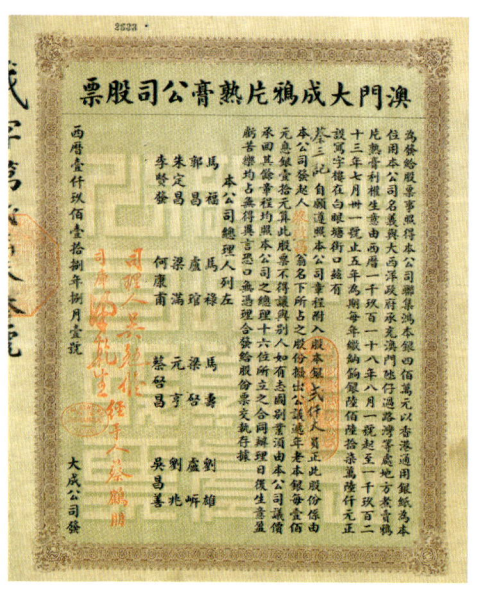

1918年,澳门大成鸦片熟膏公司股票。

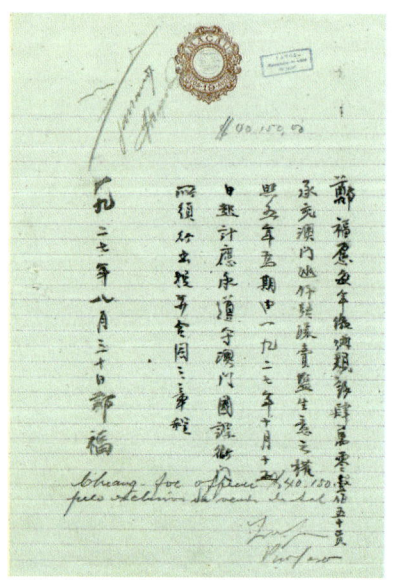

1927年,澳门盐商郑福卖盐执照,面值2000元。

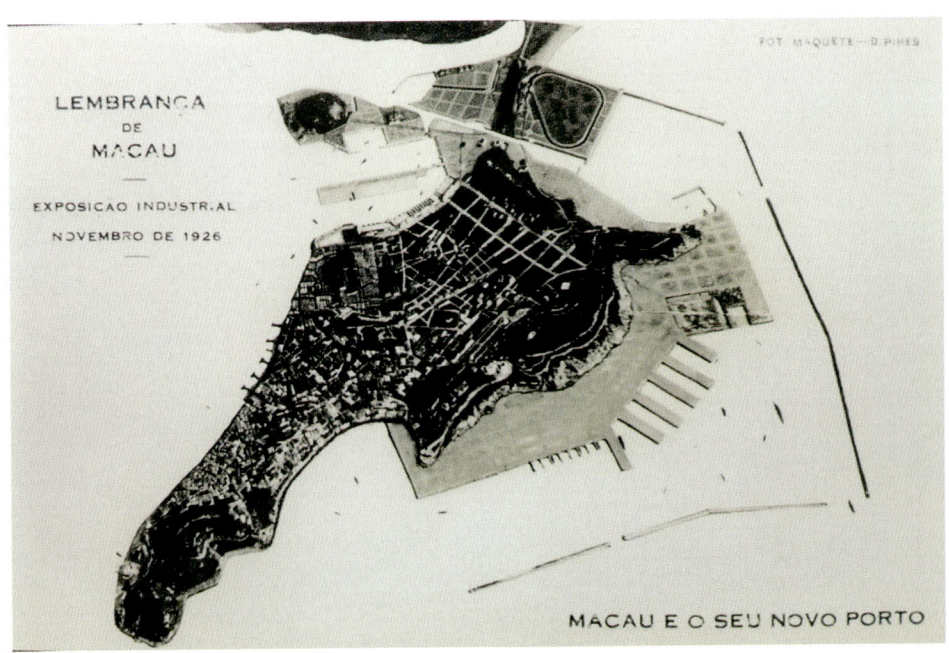

1926年,澳门工业展览会上展示的澳门新港工程计划平面图。

1933年,澳门政府仁慈堂慈善会彩票。

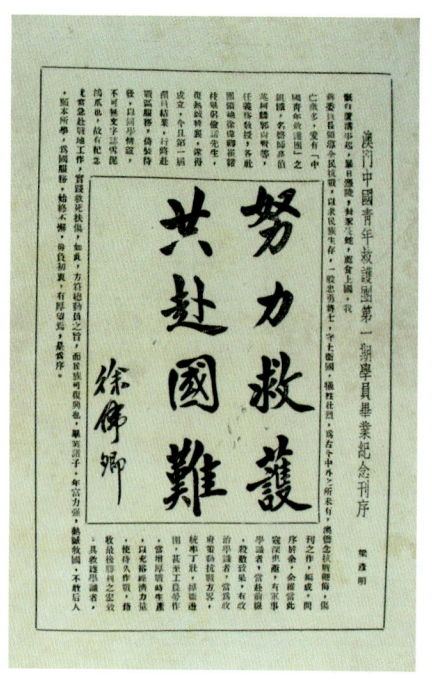 

1937年,梁彦明为《澳门中国青年救护团第一期学员毕业纪念刊》作序。

1938年,澳门各界救灾会七七纪念劳绩章。

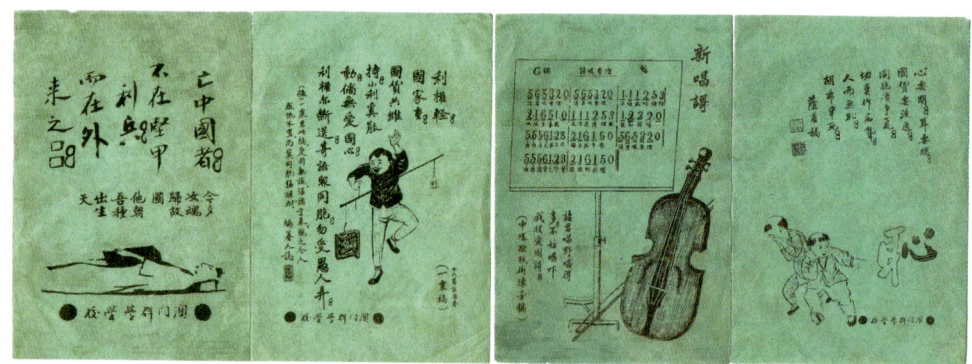

民国时期,澳门群学学校印发的国货宣传单。

民国时期,澳门"益隆号"飞轮牌炮竹注册商标广告宣传单。

1938年,以澳门商会主席爱国侨领徐伟卿为证婚人的澳门结婚证书。

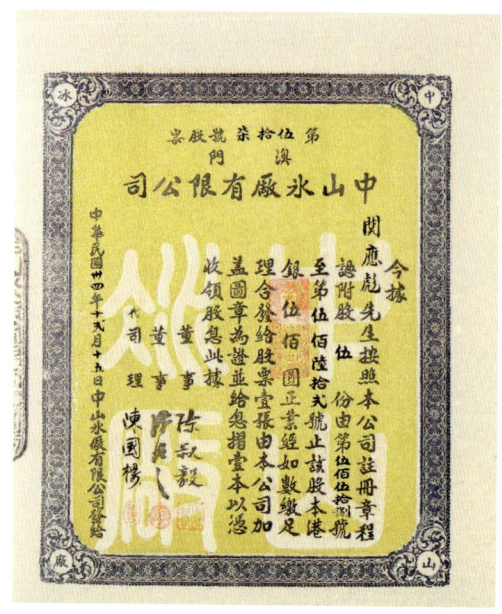

1945年，澳门中山冰厂有限公司股票。

1946年，澳门香业西友公会会员证。

第三章
澳门文献辑录

1974年，澳门友谊大桥纪念澳币20圆。

1995年，澳门国际机场纪念牌。

1988年，澳门大赛车35周年金币。

1997年，澳门运动场纪念牌。

1997年，澳门回归祖国（第1组）纪念金币，二分之一盎司。

澳门影像志
Macao Images

1999年，纪念中华人民共和国澳门特别行政区成立的贴票明信片。

1999年，澳门各界庆祝澳门回归祖国活动委员会襟章。

总顾问

吴志良 | 澳门史专家、澳门基金会行政委员会主席、澳门文化界联合总会会长

顾问

邓开颂 | 澳门史专家、广东省社会科学院历史所研究员、原港澳史研究室主任
林玉凤 | 澳门大学澳门研究中心主任、传播系副教授
黄明辉 | 摄影家、澳门摄影学会理事长

编著者

李健，中国新闻社资深图片编辑，多年来致力于"影像证史"研究，编著"影像志"系列图书：《1949中国影像志》《北京城市影像志——新中国成立70年北京百姓生活变迁史》《我们正年轻——百年青春影像志》等，引起国内外学术界普遍关注。编著的图书曾入选"中华优秀传统文化普及图书"，华文好书榜，百道好书榜等，受到新华社、中国新闻社、《人民日报》、《人民画报》、《光明日报》、《中国青年报》、《文汇报》、央视网、国际在线、《北京日报》、北京电视台等几十家主流媒体的报道。

备注

部分图片因年代久远，拍摄者暂不可考，请知悉者前来联系，以期日后订正。诚谢！

图书在版编目（CIP）数据

澳门影像志 / 李健编著. -- 北京：五洲传播出版社，2025.1. --（粤港澳大湾区影像志）. -- ISBN 978-7-5085-5306-1

Ⅰ. K296.59-64

中国国家版本馆CIP数据核字第2024F2J147号

编　　著：李　健
策　　划：北京风从虎文化发展有限公司
出 版 人：关　宏
策划编辑：梁　媛
责任编辑：李佼佼
装帧设计：山谷有鱼
封面图片：图虫创意 /Adobe Stock
封底图片：Getty Images/VCG

澳门影像志

出版发行：五洲传播出版社
地　　址：北京市海淀区北三环中路31号生产力大楼B座6层
邮　　编：100088
发行电话：010-82005927，010-82007837
网　　址：http://www.cicc.org.cn，http://www.thatsbooks.com
印　　刷：北京利丰雅高长城印刷有限公司
版　　次：2025年1月第1版第1次印刷
开　　本：710mm*1000mm　　1/16
印　　张：16.25
字　　数：197千
定　　价：268.00元

版权所有　翻印必究